吉田基晴

JN228673

本社は田舎に限る

講談社+α新書

はじめに

昼休みにサーフィンしませんか？

「昼休みにサーフィンが楽しめる職場です」

ちょっと変わった求人情報を私が出したのは、２０１２年の早春。すべては、そこから始まりました。

私はサイファー・テックというＩＴベンチャー企業を経営しています。暗号技術を使って、デジタルコンテンツの不正コピーを防ぐのが仕事。電子書籍の世界では少しは知られた存在ですが、おそらく読者の大半はご存じないでしょう。

無名企業の悲しさで、採用には苦労しました。２００３年に東京で会社を立ち上げてから２０１１年までの８年間、社員がほとんど増えなかった。せっかく新しい人が入っても、別の人が辞めたりして、社員数はずっと６～７名でした。

電子書籍などデジタル配信の時代が始まり、徐々に仕事は増えつつあったのですが、まったく人が採れない。優秀なエンジニアを増やさなければ、業績は拡大していきません。ベンチャー企業としては危機的な状況でした。

そこで考えたのです。目の前に海が広がるオフィスを作り、社内にシャワールームも完備する。出社前はもちろん、昼休みだってサーフィンが楽しめる。そんな環境を用意したら、魅力を感じる若者がいるのではないか？

象徴的な存在としてサーフィンを出しているだけで、それが農作業であっても、釣りであっても、トライアスロンであっても、狩猟であっても、かまいません。要は、都会で「週末までは辛抱しよう」と思っていることを、平日からガンガンできる環境を用意します。あなたがやりたいと思っていることを、我慢せずに全部やってください。そうアピールしてはどうかと。

もちろん、そんな売り文句に食いついてくる人は少数派でしょう。でも、それまで人材紹介会社にどれだけお金を注ぎ込もうが、まったく効果が出ませんでした。東京という巨大なフィールドで、大企業と真正面からぶつかっても絶対に勝てないと痛感しました。もうゲリラ戦にもち込むしかありません。「新しいワークスタイル」を提示するという形で選ばれる会社になる以外ない。そう考えたわけです。

サイファー・テックの本社は東京にありましたが、2012年にサテライトオフィスを徳島県海部《かいふ》郡美波町《みなみちょう》に作りました。人口わずか7000人の過疎の町ですが、関西では海遊びに行く場所としてよく知られています。近隣の海陽町《かいようちょう》ではサーフィンの大会も開かれています。

美波町はNHKの朝ドラ「ウェルかめ」（2009〜10）の舞台になったように、ウミガメが産卵にやってくる場所。それだけ自然が残っている。海も川も山も田畑も、狭い範囲に固まっており、遊びには最高のロケーション。どんな遊びでも「昼休みに」できる。

当時はまだ過疎地にオフィスを作るなんて発想がない時代なので、私が進出を決めたとき、徳島県には1社のサテライトオフィスしかなかった（美波町はゼロです）。現在では徳島県全体で60社以上が進出していますが、最初期の企業といえるでしょう。

では、結果はどうだったか？　なんと応募が殺到したのです。数人枠の募集に10倍以上の人が応募してきました。その年のうちに社員数は倍増。3年後の2015年には4倍になり、業績も一気に拡大しました。ここまで目論見通りにいくとは、自分でも驚いたほどです。

無趣味でも田舎で暮らす意味はある

じつは、美波町は私の生まれ育った故郷です。でも、そこを選んだのは本当に、「たまたま」にすぎません。故郷に戻って働くなんて、それまでチラッと思い浮かべたことすらなかった。世の中の人と同様、私も「田舎は遊びにいく場所であって、仕事をする場所じゃない」と思い込んでいたのです。

徳島県には光ファイバー網がはりめぐらされており、ケーブルテレビの世帯普及率は9割近くあります。日本一です。ITエンジニアにとっては東京にいるのと変わらない感覚で仕事ができるから、徳島県を選んだ。そのなかで「昼休みにサーフィン」という条件を考えると、当時の選択肢では美波町しかなかった。

新しい働き方をアピールするために、私が考えたキャッチフレーズが「半X半IT」。このXに、サーフィンでも釣りでも、あなたの趣味を入れてくれればいい。ITの仕事を東京とまったく同じようにやりながら（給料も変わりません）、趣味をとことん楽しみましょう。そんな呼びかけでした。

作戦は当たり、採用問題はきれいに解決した。目的は達成したのですから、ここで終わってもよかったのです。ところが、事態は思わぬ方向に動きだします。

実際に美波町へ進出してみると、過疎地で働くことには、いろんなメリットがあることが見えてきました。

ひとつは、田舎の生活はスローライフどころではなく、猛烈に忙しいこと。稼ぐための仕事以外の「役目」や「つとめ」が非常に多いのです。草刈り、祭りの準備、消防団での活動……、次から次へと地域の仕事が降ってくる。認知症のおばあちゃんが行方不明なんていうと、消防団員でもある社員たちは、業務をほっぽり出して捜索活動にたずさわります。業務時間中に漁師さんがカツオをもって会社に現れ、「そろそろ一杯やらんけえー」と声をかけてくることもあります。

でも、そうした「つとめ」が嫌がられるかと思いきや、むしろ歓迎する若者が多かったのです。「都会では何十万分の一の存在だと感じていたけど、ここでは一分の一だと感じる」という声が上がったように、自分の役割を通して「生きている実感」がもてた。誰かの役に立ってると確認して、自分をちっぽけな存在だと思わなくなった。

40歳を過ぎた私自身、東京で感じていた「何か物足りない感じ」がなくなりました。「人から必要とされるって、こういうことだったんだ」とわかった。こんな自分でも社会や地域の役に立つことができるんだと知り、頼まれる仕事は次々と引き受けるので、いまや公的な肩書だけで10を超えます。忙しいけれど、充実感がある。

半X半ITという言葉を思いついたとき、私はXとして、趣味しか考えていませんでした。美波町の大自然を思うぞんぶん楽しもうと。要は、ステレオタイプに「田舎の時間」を消費しようとしていたわけです。

でも、無趣味の人であっても、田舎に住む意味はある。Xに「つとめ」をあてはめると、生きている実感がもてる。過疎地には人を再生させる機能があったのです。

もうひとつの発見は、誰もが田舎には仕事がないと思い込んでいますが、むしろ仕事は山のようにあるということ。過疎地には課題が山積みですが、その課題を解決することがビジネスになり得るのです。田舎はビジネスチャンスに満ちているというのは、進出前には予想もしていなかった事実でした。

この事実を、一人でも多くの人に伝えなければいけない――。私のなかで、そんな使命感が生まれました。

課題の先進地へようこそ

田舎を見る目が変わったことで、私の行動も一変しました。

まずは、サイファー・テックの本社を美波町に移転しました。東京オフィスがむしろサテライトオフィスになってしまったのです。

次に、家族を連れて美波町へ移住しました。まあ、私は東京と行ったり来たりの生活なのですが。

そして、地域課題の解決をビジネスとする、〈あわえ〉という新会社を設立しました。サテライトオフィスを一社でも起業家を一人でも多く呼び込むことで、雇用や新たな産業を創り、一方で地域の再生に役立つ人材を育てる。自ら美波町で実践し、創り上げた地域振興の処方箋《しょほうせん》を他の自治体に販売する。

人口減少時代に入った日本でこれから起きる問題は、まずは過疎地で噴出します。そういう意味で、過疎地は「課題の先進地」なのです。ここで先駆けて課題を解決しておけば、いずれは地方都市が、次に大都市が、そして世界中が処方箋を求めてやってくる。「儲けるために過疎地へ行く」時代がやってきているのです。

その後、美波町のサテライトオフィスはどんどん増え、2018年7月時点で17社と、徳島県最多です。特にITベンチャー企業が目立ちます。若い人が多いので、高齢者ばかりだった集落が元気になってきました。進出企業の社員が指導することで、パソコンやスマホを使いこなすおじいちゃん、おばあちゃんも増えました。

会社が来たって、田舎にはオフィスビルなるものが存在しません。そのかわり、住む人は減っているので空き家が多い。それが空き家の再利用につながり、リノベーション需要が設計会社を呼び込む。都会の若者が増えたために、彼らを満足させるレストランやカフェが生まれ、地元の農業や漁業にも影響を与える……そんな好循環が始まっています。明治大学の小田切徳美《おだぎりとくみ》教授からは、「美波町はにぎやかな過疎の町」というお褒めの言葉をいただきました。

日本全体の人口が減っていきます。美波町でも高齢者がどんどん亡くなるのに対し、生まれてくる子供は少ないので、人口が減るのはどうしようもない。過疎は過疎なのです。過疎化を前提としたうえで何をするかが問われている。「にぎやかな過疎」というのは、人が減るなかでも、地域社会に面白い変化が現れている状況を指しています。

美波町では2014年、半世紀ぶりに転入者が転出者を上回りました。全国の過疎地では普通はまず起きない現象なので、視察が急増しました。視察団の来ない週はないといっていいぐらいです。全国の自治体関係者や中央官庁の官僚たち。国会議員や町会議員たち。大学の研究者や学生たち。さまざまな人が「地方が生き残る道」を求めて、ここへやってきます。韓国や中国、フィリピンなどの新興国の視察も増えています。

私をモデルにした明石知幸《あかいしともゆき》監督の映画『波乗りオフィスへようこそ』もほぼ撮影が終了し、2019年春に公開される予定です。

四国の端っこにある過疎の町が、いま全国から注目を集めている。では、そこではいったい何が起こっているのか？　包み隠さずご紹介したいと思います。

東京時代の私は何をやってもうまくいかず、「イケてない中小企業のおっさん」という自己認識しかありませんでした。そんなポンコツとしかいいようのない経営者が、過疎地で自分の輝ける場所を見つけられた。同じように悩まれている、多くの経営者の参考になるはずです。

地方創生の具体的な形を見つけられない全国の自治体関係者はもちろん、都会で自分の居場所を見つけられない若者たちにも、ぜひ読んでいただけたらと思います。過疎地はあなたを元気にする場所かもしれません。

人口減少時代を迎えた日本では、過疎地にこそチャンスがある。変化の先頭に立てば、新しい知恵も湧いてくる。読後にそう確信していただけたなら、こんな幸せはありません。

２０１８年８月

吉田　基晴

◉目　次

はじめに　3

昼休みにサーフィンしませんか？　3

無趣味でも田舎で暮らす意味はある　6

課題の先進地へようこそ　8

第1章　ベンチャー企業社長は悩みだらけ

イケてない中小企業の社長　18

出ていくしか選択肢がない　20

帰国したら世界が変わっていた　22

ライセンスビジネスとの出会い　24

先進的な企業だった　27

ここでは俺、石ころやわ　28

御用聞きビジネスを軌道に乗せる　30

萌え系のポータルサイト　32

コミコミネット連れで転職　35

株券売らずにソフトを売れよ！　37

勝ち馬に乗ったはずが…… 40
「その日」はなかなか来なかった 43
結局は時間を売っていた 44
世界のキヤノンが認めたのだから 46
テポドン飛んできてくれないかなあ 47
夜明け前がいちばん暗い 50
リーマンショックは神の声 52

第2章 半X半ITという働き方

女性が働きたくないオフィスはダメ 56
自然とボスになるはずなのに 58
「おいしい話」は落ちていなかった 61
田んぼとの出会い 62
「何かをあきらめる」のは仕方ない？ 64
努力しても結果が出ないことはある 67
社員をサーフィンに行かせよう？ 70
吉田さんの故郷じゃないの？ 72
新しいワークスタイルの提案 74
救世主が来た 76
元老人ホームをオフィスに 78
故郷に錦を飾りたいだけだろ 80
仕事のためにあきらめる必要はない！ 83
どうして「半農」を外したのか 84
狩りガールが広告塔に 87

第３章 「つとめ」が人を再生させる

どこで働いてもかまわない 94
本社を美波町に移す 96
匿名性のなさにもいい面がある 98
川釣りも海釣りも楽しめる 101
東京時代の数倍忙しい 103
何十万分の一から一分の一へ 105
自分も役に立っているんだな 108
自分の立ち位置が見える 110
マルチXな生き方 112
深く悩んでいる余裕がない 114
プレーヤーになるか消費者で終わるか 116
田舎では65歳でもペーペー 118
過疎地はチャンスに満ちている 120
リアリティのある課題が見つかる 123
電脳トレイルラン 125
中小企業のほうが活躍できる 127

第４章 「にぎやかな過疎」の町

変化の先頭に立つだけだ 132
CSRでは持続性に欠ける 134

古銭湯をお洒落に改修した理由　136
ポイントは人材の確保　139
地域との「掛け算」を求めている　141
まずは2週間、試してください　143
楽しむのに理屈はいらんやろ？　144
なんでこの魚を売らないの？　146
海運業の町　149
漁師のコミュニケーション能力　151
なぜダイビングが始まったのか　153
台風の通り道が変わった　154
地域の記憶を消すな　157
田舎には仕事がない？　159
クリエイターズスクール　162
帰れま1000　165
地元食材のカタログになる店を　166
ミスマッチを防ぐために　168
空き家ビジネス　171
吉田さんにはムカつきますわあ　173

第5章　奪い合わない地方創生

転入者が転出者を上回った　178
これなら真似できそうだ　179
東京に営業マンを置く　182
儲かるのに、そのうえ魚がうまい　183
公務員の体温を上げる　185
遊び人を世話役に　187

格好いいアニキが必要だ　189
住民票に意味はない　190
ここを俺のふるさとにする　193
デュアルスクール　195
この町に生まれて不幸です　196
大人の本気を見せる　199
将来のために種をまく　200
阪大のお兄ちゃんみたいになりたい　202
田舎のことわかってるな　205
氏子の集団として地域を見る　207
助成金で飲みやがって！　208
あわえとサイファーの協業　210
人は変われる、社会は変えられる　212

構成・丸本忠之

第1章　ベンチャー企業社長は悩みだらけ

イケてない中小企業の社長

ＩＴベンチャー企業の社長と聞いて、どんな人物をイメージされますか？　会社を上場させて、一生使いきれないほどの財産をもっている？　六本木ヒルズに住んで、高級外車を乗り回している？　渋谷の高層ビルにオフィスをかまえ、夜も派手に遊んでいる？　アナウンサーと合コンしたり、芸能人と結婚したりしている？

いまだにそんなイメージが強いのでしょう。先日も全国ネットのテレビ局から「芸能人と付き合った経験はありますか？」というアンケートが送られてきました。返事はしませんでしたが、あるわけありません。

少なくとも私の場合、つい5～6年前まで、「イケてない中小企業のおっさん」にすぎませんでした。メイン業務がなかなかブレークしない。無名企業だから、人が採れない。資金繰りに駆け回り、毎月給料日が近づくと憂鬱《ゆううつ》になる。希望的観測にもとづいた事業計画を練っては、そのたびに社内で「嘘つき！」と吊るし上げられる。もちろんＩＰＯ（新規株式公開）の予定もない……。

世間がＩＴベンチャー企業の社長と聞いてイメージするものと、かなりかけ離れた存在だったと思います。悩みばかり多くて、心の平安に欠けていた。

いまでこそ毎日が楽しく充実していますが、40歳になるまでは悶々とした日々を送っていました。どうして社長でいるのか、どうしてこの仕事を続けているのか、どうして東京で暮らしているのか、自分でもよくわからなくなっていた。仕事や社会との距離感を見失っていた。何もかも嫌になっていたのです。

徳島県の過疎地にサテライトオフィスを作り、さらにそこを本社にしてしまう。かなり突《とっ》飛《ぴ》な行動に見えるかもしれません。でも、当時の私からすれば、ほかに選択肢がない状況で打った手であり、それがクリティカルヒットになった結果、予想もしないチャンスが次々とめぐってくるようになったのです。

織田信長にとっての桶狭間《おけはざま》の戦いみたいなものです。組織（家）が滅びるかどうかまで追い込まれ、仕方なく窮余の策をとったら、それが予想以上に当たり、そこから自分の境遇が一変してしまう。のちの天下分け目の関ヶ原の戦いなどに比べたら、スケールの小さな局地戦です。でも、そこに全力を集中した結果、「たまたま」いい方向に転んだ。

最悪の時期のサイファー・テックは4年連続で赤字でしたし、赤字額が年商の半分近い年もあった。最近入った社員はそんな時代を知らないので、「よく耐えられましたね。どれだけ辛抱強いんですか！」とあきれられます。この時代のことを語っておかないと、どうして過疎地にオフィスを作るなんて行動に出たのか理解できないと思うので、まずはその話をしたいと思います。

この章では自己紹介を兼ねて、私がどうしてIT業界に入ったのか、どうしてITベンチャー企業の社長をやることになったのか、お話ししたいと思います。そしてサテライトオフィスを出す直前、会社がどういう状態にあったのかを。

じつは私の人生は「たまたま」の連続で、決して起業家精神に突き動かされて社長になったわけではありません。大学生のうちにベンチャー企業を立ち上げるような人種とはまったく違う世界に住んでいました。流れ流れて四つ目の会社で社長をやることになってしまった。現在、地域課題の解決に取り組むなど、ITベンチャー企業の社長らしからぬ仕事をしていますが、むしろこっちが本当の自分かもしれません。

出ていくしか選択肢がない

徳島県海部郡の旧日和佐《ひわさ》町と旧由岐《ゆき》町が合併して美波町が誕生したのは、2006年のこと。私が生まれ育ったのは日和佐町です。

地元の日和佐小学校、日和佐中学校を出たあと、阿南《あなん》市にある富岡西《とみおかにし》高校に通いました。日和佐に高校はふたつあったのですが、多少勉強ができたので阿南市の進学校に進むことになったのです。毎日、JRで1時間かけて通学していました（ちなみに、2006年に美波町が発足した時点で日和佐の高校は併合のため閉校になったので、いまや美波の生徒は町外の高校に通うしかありません）。

阿南市は、美波町と徳島市の中間に位置する、人口6万〜7万人の中堅都市です。しかし、大学は阿南市にもありません。つまり、もし大学まで目指そうと思ったら、さらに外へ出ていくしか選択肢がない。

徳島市には徳島大学や私立の大学もありますから、徳島市に下宿する手はあります。でも、6〜7割は徳島県外に出ていました。私も神戸市外国語大学に進みました。

大学を出たあとはどうなるか？　一部の人は徳島県庁、阿波銀行、四国電力、大塚製薬、日亜化学などに就職し、徳島県へ戻ります。とはいえ、徳島市や鳴門《なると》市、阿南市どまりです。美波町まで戻って就職する例はほとんどありません。なにしろ就職先がない。町役場ぐらいでしょう。農協（ＪＡ）も採用をほとんどしなくなっていました。同級生で地元に残っているのは2割もいないと思います。

美波町に残った人も、自分の子供が高校へ上がる年齢になると、問題が生じる。高校がないからです。一方、阿南市には中高一貫の公立校ができたりしていますので、進学に合わせて、家族揃って阿南市に引っ越す人もいます。

本人が望むと望まざるとにかかわらず、外へ出ていかざるを得ない。過疎地の典型的な光景だと思います。

私はさほど都会への憧れが強いタイプではありませんでした。田舎で生まれ育っても、誰も彼もが自然を好きになるわけではありませんが、私は飛びぬけて自然が大好きな子供でした。みんながゲームに夢中になっている頃、私だけは釣りをしたり、山に入ったり、農業や酪農や漁の手伝いをしていた。それがいちばん楽しかった。

そういう意味では、田舎適性はかなり高いほうだったのです。しかし、大学に進んで会社に就職しようと思ったら、都会へ出ていくしかない。日和佐を出た時点で、再びここへ戻ってくるイメージはもちづらかったのです。

帰国したら世界が変わっていた

私は単に物を売る人にはなりたくなかったので、「技術のわかる営業マン」を目指してきました。お客さんから「こいつはエンジニアあがりの社長なんだな」と勘違いされるぐらいの営業スタイルを理想としてきました。なので、大学でコンピュータを勉強したと思われることが多いのですが、じつはド文系です。

大学も神戸市外国語大学という、文系学部しかない学校です。私が高校を卒業する少し前に国際関係学科が新設されており、面白そうだなと思って選びました。国際経済や国際政治などを学び、いずれは商社で貿易をやったり、国連などの国際機関で活躍したりする、そんなイメージのコースでした。

私がゼミに選んだのは、もっとも実学から遠い国際文化。卒論のテーマも「自殺の国際比較論」です。日本人の自殺が、西洋人にはどう見えているかを研究する。先生からは「お前、あまり役に立たんこと調べてるなあ」とよく笑われましたが、太宰治や芥川龍之介が好きだったので、日本の自殺文化に興味があったのです。

子供の頃から「人はなぜ生まれて、なぜ死ぬのか」みたいなことを漠然と考えていました。実益書よりは、安部公房のような純文学を読んできた。哲学的というと格好よすぎますが、要は、すぐには役に立たないことを考えるのが好きでした。社長になったあと実益書ばかり読んだ時期がありましたが、かなり無理をしていたと思います。

大学3年生になると、就職活動が始まります。周囲は続々と商社やメーカーの内定をもらっていました。パナソニックとか日本ビクターとか、メーカーが多かった。外国語大学の学生ですから、海外に進出するときに不可欠の要員になる。

私も会社訪問を始めますが、途中で面白くなくなり、やめてしまいました。うまく説明できませんが、刺激がなかったのです。そこで2年間休学して、アルバイトで資金を貯め、1年間はオーストラリアへワーキングホリデーに出かけました。みんながスーツを着て会社に通い出す頃、海外でのほほんと遊んでいたわけです。

でも、これが結果的に私の人生を変えます。私が帰国して、再び就職活動を始めたのは1995年。そう、ウィンドウズ95が発売されて、インターネットが世界的ブームを巻き起こした年です。マルチメディアとかバーチャルリアリティとか、日本を出る前には聞いたことのないキーワードが飛び交うようになっていました。

電子メールなるものがあって、海外の人と無料で、しかもリアルタイムにメッセージのやり取りができる。そう聞いて、耳を疑いました。オーストラリアでお世話になった人たちと、日常的にやり取りできるのかと、なんだかワクワクしました。

2年前に就職していたら、インターネットに出逢えなかったので、ラッキーでした。こういう事情で、私はIT業界（1995年当時は、まだITなる言葉は存在しませんでしたが）に足を踏み入れることになったのです。

ライセンスビジネスとの出会い

大学時代は卒論でワープロを使った程度で、パソコンに触った経験もありませんでした（初めてパソコンの電源スイッチを入れたのは入社してからです）。でも、何か新しいことが始まろうとしていることだけは理解できました。

面接に行っても、ＩＴ業界の人たちがワクワクしていることが伝わってきました。飛び交う専門用語はちっとも理解できませんでしたが、楽しいことが始まる予感はありました。なんせ無邪気にワクワクしている大人を見るのは初めてでしたから。

じつは、コンピュータのイメージがこの時代に大きく変わったのです。それまでもコンピュータを導入している会社はありましたが、電算室でプロの技術者にしか触ることが許されない「難しい機械」というイメージでした。ここからパソコンが一般の家庭にも浸透しだし、文系人間が触っても怒られないような、「生活を楽しくしてくれる道具」のイメージに変わったのです。コンピュータが開放的で明るいイメージになった。閉鎖的な研究室から、明るい戸外に出てきたのです。

バブル経済が崩壊し、日本経済は低迷。１９９３年には就職氷河期という言葉も生まれていました。でも、ＩＴ企業を就職活動で回ると、ここだけは別世界の印象がありました。まさにここから２００１年のＩＴバブル崩壊に向けて、グーッと盛り上がっていく時期だったからです。

ＩＴ系のいろいろな企業を回りました。ＮＥＣや富士通のようなパソコンメーカーはもちろん、ＣＳＫやトランスコスモスのようなサービス系の会社も。そのなかで、もっとも異様な熱気を感じたのがジャストシステムでした。

日本では数少ないタイプのソフトハウスです。受託開発をやる会社はたくさんあっても、自分たちの作りたいものを作り、そのプロダクトだけで勝負する。そんなところに惹かれました。

しかも、そんな日本一のソフトハウスが、本社を徳島市に置いていました（２０１３年から東京と徳島が本社になっています）。創業者のご夫妻が二人とも四国出身で、徳島大学で出会って立ち上げた会社だからです。これも徳島人としては、背中を押す理由のひとつになりました。

ジャストシステムの日本語入力システムやワープロがなければ、ＩＢＭのパソコンだってただの箱です。だから、名だたるパソコンメーカーが「うちのパソコンにも入れてください」と、向こうから頭を下げに徳島までやってくる。そんなすごい企業だったのです。

看板商品のワープロソフト「一太郎」は1本5万〜6万円もするのに、飛ぶように売れていました。入社してから思ったのは、「これはまるで造幣局だな」ということ。デジタル情報は劣化しないし、低コストでコピーできるのでいくらでも増やせる。自動車が何百万円するといっても、その半分は原価ですから、ビジネスとして効率が悪い。一方、パソコンのソフトはＤＶＤへコピー&ペーストするだけで、ほぼすべてが利益になるわけですから、数が売れれば他のビジネスとは比較にならないほど儲かるのです。

私がのちにサイファー・テックでライセンスビジネスをやろうとするのは、このときの体験が非常に大きかったからです。価値あるものを作って、マーケットに評価されれば、あとは刷るだけでどんどん売れる。どんなに苦しくても「利用権（ライセンス）を売るビジネス」をやろうと踏ん張り続けた理由はそこにあります。

先進的な企業だった

私は1996年4月に入社しましたが、この時期のジャストシステムはイケイケでした。同期入社は120人ぐらいで、全社員は800人程度。これが会社にいる2年間に1200人ぐらいまで増えた（現在は300人程度まで縮小しています）。こんなに巨大なソフトハウスは、現在も日本に存在しません。業務が急拡大して、とにかく人を増やす必要があったのです。

企業文化も先進的で、いまでいうグーグルのような雰囲気がありました。出勤時間はハチャメチャで、24時間フルに働くのも珍しくなかった。まるで不夜城です。新商品が完成したなんていうと、本マグロを会社にもち込んで解体ショーをやり、寿司パーティをやる。

出版部門もあったし、インターネットプロバイダーへ進出するのも早かった。教育事業もやっていた。まさに飛ぶ鳥を落とす勢いでした。

一方で、社員が働きやすいよう、徒歩1分のところに託児所を作ったり、働くママさんへのケアもあった。そういう感覚も進んでいました。長時間ずっと一緒にいるもんだから、社内恋愛や社内結婚も非常に多かった。仕事さえやれば何でもアリです。誰もが「働きたい」と思うような、非常に先進的な企業文化があったのです。

私の勤務地は徳島市で、配属されたのは品質保証の部署。新商品のソフトがちゃんと動くかどうか、検証するのが仕事です。プログラムにはバグが必ずあるので、それを見つけ出して、製品レベルの品質にまでもっていく。最初にやったのは、日本版ウィンドウズ95に対応した一太郎のチェックでした。

ここでは俺、石ころやわ

2年ほど品質保証の仕事をやったあと、製品企画に移ります。こちらは新商品の企画をやるところで、いわば花形部署。「格好よさそうだな」と希望を出したら、なぜかそれが通って、異動することになりました。

ところが、周囲のあまりの優秀さに打ちのめされます。東大・京大といった有名大学で技術を学んだ人が珍しくないし、中途採用組もＩＢＭで音声認識の研究をしていた人とか、郵政省（現・総務省）で通信関係を担当していた人とかゴロゴロいました。周りは専門家ばかりなのです。私はド文系の3年目社員ですから、会話の内容すら理解できない。自分にできそうなことが何もない。年齢もいちばん下だったので、お茶を入れたり、みんなのパソコンをセッティングしたり。茶坊主のようなことしかできなかったのです。

「ここで闘ったらあかんわ。ここは俺のいるべき場所じゃない」

確信しました。そこで半年ぐらいたった頃、退職を決意します。いたたまれなくなって、逃げるように会社を去りました。

読者は「そんなことで会社を辞めたの？」と驚かれたかもしれませんが、私は「どうやれば自分の力を最大限、発揮できるか」と発想するタイプの人間なのです。自分の存在が価値をもつ場所で働くほうが、自分のためにも、会社のためにも、社会のためにもなる。昔からそういう思いがあったし、それはいまも変わりません。

正直、ジャストシステムにいては自分が石ころのようにしか思えなかったので、会社を辞める決断は早かった。

じつは、大きな挫折は二度目でした。最初は大学に入ったとき。英語ができると思い込んでいたので、自信満々で外国語大学に入ったのです。ところが、帰国子女が山ほどいてペラペラなのが当たり前。私は英語ができるといっても、田舎の高校で筆記試験ができたというレベルにすぎないので、勝負になりませんでした。

外国語大学っぽくない自殺の研究をしたり、就職でも語学にまったく関係のないIT系を選んだり。同級生たちが語学をさらに磨いて海外赴任の道を歩いているのとは、かなり違う道を選んできたのは、心のどこかに「語学で闘ったら、俺、ただの石ころやわ」という意識があったのではないか？　いま振り返ると、そんな気がします。

御用聞きビジネスを軌道に乗せる

ジャストシステムを辞めたのが1998年12月、27歳のときです。ようやく美波町で「自分が輝ける場所」を見つけたのが40歳のときですから、社会人になって15年ぐらいは、それを探す旅が続いたことになります。

会社を辞めて1ヵ月ぐらいブラブラしたあと、面接を受けて某人材派遣会社に再就職を決めます。勤務地は大阪でした。ところが、行き先はもう決まっているというのに、求人雑誌を見る癖が抜けない。大阪・梅田のコンビニで立ち読みしていたら、非常に気になる求人を見つけてしまいます。

大手電鉄系のグループ会社で、社長直属で新規事業をやる人を募集と書いてある。住所を見ると、まさにそのコンビニが入っているビルでした。何かのご縁だと思って、そのまま「いま雑誌見たんですけど……」と面接を受けて、転職先をこちらに変えてしまいました。

自分でも「本当にたまたまが多いよなあ」と思うのですが、そうした生き方のほうがワクワクするのだと思います。

その会社の本業は、日本に赴任する外国人エグゼクティブに向けた不動産仲介でした。P&Gとかボーダフォンといった海外の大企業から赴任してくる外国人幹部に、グループの所有する高級物件を家具付きでリースするのです。

ところが、当時の社長は、新たな事業領域への参入を考えていました。コンテンツビジネスをやりたがっていたのです。

コンテンツビジネスについてはあとで説明しますが、ほかにもふたつ、新規事業をやりました。ひとつはコーヒーマシンの販売。もうひとつは海外赴任している日本人向けの御用聞きビジネスです。

自家焙煎《ばいせん》できるコーヒーマシンで、生豆《なままめ》と水を入れたら、自分で焙煎してコーヒーを淹《い》れてくれる。当時はまだ珍しい機械でした。ただ、売る方法に関しては何も決まっていませんでした。そこで、焙煎した豆を放置すると酸化して体に悪いという部分をアピールし、グループの系列のフィットネスクラブで無料試飲会をやったりしました。

海外にいる日本人向けの御用聞きビジネスというのは、さまざまなニーズに応えて日本で手配して送るような、御用聞きサイトの運営です。お米が欲しいとか、ボンカレーが欲しいとか、永谷園のお茶漬けの素が欲しいとかいうのは普通です。炊飯ジャーのパッキンだけ欲しいとか、おしゃもじが欲しいとか、ファミコンのソフトが欲しいとか、アダルトビデオが欲しいとか、本当にいろいろな注文があった。

ただ、ほとんど利益が出ませんでした。個別の消費者から注文をとり、象印マホービンに電話して「〇〇〇番のパッキンをひとつ欲しいんですが」なんてやっていても、手間がかかるばかり。手数料をどれだけもらっても、パッキン1個の手数料では利益なんか出ません。そこでなんとかしようと考えた。

調べると、大手企業では総務部が年に何回か、海外赴任者へ日本の商品を送ったりしているようでした。そこでそれを代行することにしました。東洋経済新報社から出ている『海外進出企業総覧』を買ってきて、かたっぱしから電話した。この方法にしてから、かなりのボリュームになって、ビジネスとして成立するようになりました。

萌え系のポータルサイト

さて、コンテンツビジネスです。

社長に「何をやるんですか?」と聞いても、「そんなもん決まっていない」という返事です。「それを考えるためにお前らを雇ったんや」と言われました。そこでゼロから自分で探すことになりました。

これも「たまたま」なのですが、そんなときに出会ったのがコミックマーケット（コミケ）でした。アキバ系とか萌《も》え系とか呼ばれる同人誌の即売会です。東京のビッグサイトで開催されるコミケは日本最大ですが、大阪にもインテックス大阪で開催される同人誌イベントがあります。たまたま通りかかって、衝撃を受けました。

１９９０年代はアニメの大ヒットやパソコンゲームの普及で、オタク・カルチャーに対する否定的な見方がだいぶなくなってきた時代でした。萌え系の絵も街で見かけるようになった。ＩＴ業界にいましたから、その程度の認識はあったのですが、ここまで盛り上がっているとは知らなかった。徳島では同人ショップも見かけることはなかったですから。

私自身は萌え系に興味がなかったものの、ここまでクオリティの高いものを、ここまでの情熱をもって作り上げるクリエイターが大勢いることに驚きました。彼らと実際に付き合ってみると、「こいつらすげえなあ」と尊敬の念が湧いてくる。自分の作品をもっと多くの人に読んでもらいたい。好きなことを仕事にしたい。そう考えている人が日本にはウヨウヨいるのだと知り、「これだっ」と思いました。

そこで同人作家さんと、そうしたコンテンツを嗜好する人たちをマッチングさせるポータルサイトを作ることにしました。ヤフーの同人誌版です。「猫耳」で検索したら、猫の耳をつけた女の子が主人公の作品とか、同人作家さんが調べられる。自分で描きたい人には、そんな絵を描けるサークルを教えてあげる。「コミコミネット」というサイトです。

どこで儲けるかというと、まずはサイトの広告収入です。さらに版権ビジネスをやろうと考えた。その第一弾として、美少女キャラクターのコンテストをサイトで催しました。同人作家さんが絵を描いて、一般のファンが人気投票する。トップ10に選ばれたキャラクターを登場人物にして格闘ゲームを作る、というのがウリです。ゲームを販売し、さらにキャラクターグッズにも広げていく。

もう死語かもしれませんが「CGM（コンシューマー・ジェネレイテッド・メディア）」という手法ですね。一般の消費者自身が情報を発信し、コンテンツを作り上げていく。売れる売れないをこちらで予想して作るのではなく、先に消費者が選んだものを作るわけです。そんなコンテンツビジネスを考えました。

コンテストまでは実際にやり、ゲームの開発に入りました。私はゲーム開発のプロジェクトマネージャーもやりました。

いまから考えると、目のつけどころは良かった。2000年当時はまだ萌え系でIPOを果たすような企業も存在しなかった。萌え系のポータルサイト自体、あまりなかったので、海外からもものすごいアクセスがありました。

同人作家さんからすれば、自分の描いたキャラクターがゲームになるなんて、夢のような話です。ものすごく喜んでくれた。ファンからも「ゲームはどこで予約できるんですか？」と問い合わせがある。ゲーム雑誌が特集を組んでくれたこともあって、けっこう話題になりました。

ただ、ジャストシステムの同期からは「吉田は気が狂った」と噂されていたようです。「あいつのパソコンを覗いたら、女の子の絵が壁紙になってた。それがさあ……髪の毛が水色で、猫の耳をつけてて、巨乳の女の子なんだよ」と。でも、私としてはものすごく可能性のあるビジネスだと考えていましたし、これは自分の力を出し切れる仕事なんじゃないか、と感じてもいた。居場所を見つけたかもしれないと思っていたのです。

コミコミネット連れで転職

ところがです。好事魔多しで、グループが事業再編をやることになり、私が勤めていた会社も吸収合併されることが決まりました。

本社のちゃんとしたサラリーマンから見たら、私のやっている仕事など意味がわからなかったと思います。まだ「萌える」という単語が一般化していなかったので、部長から「お前、漢字間違えてるぞ。これ『燃える』だろ？」と言われ、「いや違うんです。『萌える』なんです」なんてトンチンカンな会話をしていた。

いずれにせよ、この仕事が続けられないのであれば、その会社にいる意味がありません。周囲からは「むっちゃラッキーやん。聞いたこともない子会社に入ったくせに本社へ移れるんやから」と言われましたが、私にとってはさほど興味のある仕事ではなかった。もともと大企業を目指す体質でなかったということもあります。

何の未練もなく会社をスッパリ辞めました。結局、その会社には、丸3年勤めたことになります。

じつは、ジャストシステムの先輩が東京でITベンチャー企業を立ち上げていて、前々から声をかけていただいていたのです。「いまやってるコンテンツビジネスも続けていいぞ」と言われていたし、もとの会社からも「この仕事はお前がもっていっていいぞ」と言われていたので、コミコミネットと一緒にベンチャー企業へ移ることになりました。

そのベンチャー企業では、暗号技術を使ってコンテンツの保護をやっていました。デジタルコンテンツのコピー防止をするのです。

私には萌え系の絵が描けませんから、描ける人に対して強いリスペクトの念がありました。クリエイティブな仕事をしている人を応援してあげたいと、ずっと思ってきた。今度の会社もクリエイターを側面支援するわけで、これはいいと。

この頃はまだソフトのダウンロード販売は一般的ではなく、ＣＤやＤＶＤなどのパッケージにして売っていた時代でした。通信事情が現在ほどよくなかったからです。でも、イラストや動画や音声をダウンロード販売する時代が近づいている実感はありました。ダウンロード時代が本格的にやってきたとき、絶対不可欠になるのが、デジタルコンテンツの不正コピーから著作権を守る技術なのです。

この技術と、いまでいう「クールジャパン」の萌え系コンテンツを組み合わせれば、無限の可能性があるように思えました。そこで先輩の立ち上げたＩＴベンチャー企業に再就職することを決断したのです。もちろん、コミコミネットを連れて。

しかし、結果だけいえば、新しい会社でコミコミネットの仕事は十分やることができませんでした。第一弾のゲームが世に出ることはなかった。大人の事情とはいえ、ものすごく楽しみに待ってくれていた人たちを裏切る結果になったわけで、忸怩《じくじ》たる思いはあります。

株券売らずにソフトを売れよ！

転職先の東京のＩＴベンチャー企業も、早々に辞めることになりました。

すでに２０００年後半からアメリカのＩＴバブルはピークを越え、下り坂に向かっていましたが、２００１年９月の同時多発テロの影響も大きく、バブルは完全に弾けます。一方、日本ではもう少し長く続いた印象があります。私が東京のＩＴベンチャー企業に入社したのは２００1年12月ですが、まだバブルの余韻は残っていました。

いま振り返ると、ちょっと異常な時代でした。ＩＴ企業というだけで評価されて、赤字企業がＩＰＯ（新規上場）を果たしたりしていた。いまだ売り上げゼロなのに、未来の技術だというだけで株価が暴騰し、すさまじい時価総額になっている会社もありました。

ＩＴ業界には若いＩＴ長者が溢れていた。渋谷がビットバレーと呼ばれたり、ディスコで開催された若手経営者の集まりに、ソフトバンクの孫正義さんがヘリコプターで駆けつけて話題を呼んだりしていました。

全体に浮かれた雰囲気があったし、本業そっちのけでマネーゲームをやっている印象がありました。私はあまりそういうことが好きではないのです。地道に商品を開発したり、お客さんと付き合ったりしたいタイプ。真逆です。

ＩＴビジネスの本場は東京で、ＩＴバブル時には金回りが良かった。私は東京が嫌いでしたが、その理由のひとつにお金儲けに奔走する人々への嫌悪感がありました。渋谷に対しても、一度として憧れの気持ちを抱いたことがありません。

転職したベンチャー企業も、あまり商品開発に熱心ではありませんでした。むしろ株券を売ることに一所懸命に見えました。未公開株を買っておけば、上場後、すさまじい値段に跳ね上がる。だからベンチャーキャピタルはもちろん、一般の投資家も一攫千金《いっかくせんきん》を夢見て株を買い漁っていたのです。

そこで社長と大喧嘩しました。「セキュリティを売らずに、株を売ってどうする」と。私もまだ30歳ですから、べき論でしか考えられなかった。いま考えると、社長としても「みなまで言うな。わかっちゃいる」という感じだったのかもしれません。会社の経営者には、社員には絶対にわからない苦労がある。のちに自分が資金繰りの苦労をすることで、少しは見えてくるものもありました。

でも、きちんとした商品を作り上げることに関しては、いまでも意見を変えるつもりはありません。そこで企業価値を高める努力をしないのでは、単なるマネーゲームで終わってしまう。資金がなくなったら増資をすればいいという態度は許せない。結局、商売のあり方についての価値観が違っていたのです。

社内には、私の意見に賛同する仲間もいて、最初のうちは事業方針への批判をやっていましたが、だんだん「そこまで言うなら、自分でやれって話だよね？」となって。結局、1年後には、4人の仲間と一緒に会社を去ることになりました。小さなベンチャー企業で社長と大喧嘩すれば、残る目も残されていませんから当然の流れだったでしょう。

こうして2003年2月、東京で立ち上げた会社がサイファー・テックなのです。

全部で20人程度の会社で、5人の社員が誘い合わせて一斉に辞めたのですから、かなり大きな事件です。私たちは社長から、同時多発テロを引き起こしたテロ組織になぞらえてアルカイダと呼ばれました。特に私は首謀者のビン・ラディン呼ばわりされた。でも、そういう面もなくはなかったと思うのです。独立した動機がうしろ向きでした。

モチベーションとしては「前の会社と同じ分野でしっかりした商品を作って、あの社長をギャフンと言わせてやる」という気持ちが強かった。「これが真っ当なソフト会社のあり方だと見せつけてやろう」と思ったのです。「セキュリティ技術は社会のためになるから」といった前向きな気持ちだけでスタートしてはいないのです。

私に独立してサイファー・テックを作らせたのは負のエネルギーでした。当時は心のすさんだ時代だったのでしょう。一度目の結婚に失敗して胃潰瘍になったのも、この時期でした。

勝ち馬に乗ったはずが……

サイファーは暗号。テックは技術。いずれはさまざまなコンテンツをデジタルで配信する時代が来る。暗号技術を使って不正コピーを防止し、著作権を保護する。そんな思いをこめて、私がつけた社名がサイファー・テック（以下、サイファー）です。

ただ、私は社長ではありませんでした。初代社長は大手銀行出身のファイナンスの専門家。2代目社長は外資系コンサルティング会社出身のコンサルティングの専門家。どちらも私より10歳ほど年上で、前のITベンチャー企業で出会いました。私は取締役として、一人で営業を担当する。この3人が東京にいました。

一方、商品を作るエンジニアの二人は徳島市を離れられない事情があったので、徳島市にもオフィスを置きました。非常に優秀なエンジニアなので、彼らを引き抜くために徳島市にマンションを借りる意味がありました。

なぜ徳島市に会社をまとめてしまわないのかというと、東京のお客さんが多いからです。いまだにサイファーのお客さんの95パーセントは東京の会社。出版社や教育関連などコンテンツを作る会社が東京に集中していることもありますし、こういうソフトは本社決済で買うものなので、どうしても営業は東京に置かざるを得ない。そこで、立ち上げ当初から東京と徳島市の2拠点体制にしたわけです。

初代社長も2代目社長も、これまで会ったことがないほど超優秀な人でした。こんなに頭のいい人が世の中にいるのかと驚いたほどです。この人たちに付いていくだけで、5年後には上場を果たして大金持ち。アーリーリタイアで釣り三昧の日々が来るんじゃないか？　マネーゲームは許せませんが、ちゃんとした商品を作ったうえでお金が儲かるなら大歓迎です。正直「勝ち馬に乗ったな」と思いました。

ところが、頭のいい人ほど先が見える。揉め事があっても、無駄なことに時間を使いたくない。自分が優秀なだけに、部下の働きぶりが気になる。いらぬトラブルも起こる。いろいろ問題が続いて、なんと2年のあいだに二人とも会社を去ってしまいました。それで2005年12月から、私が社長をやることになったわけです。

私は「社長になりたい!」というタイプではないし、当時は起業意欲もありませんでした。極端に言うと頭のいい人たちに便乗しようとしただけです。口だけは昔から達者なので、得意のセールストークで彼らを側面支援すれば、それで自分の役目は果たせると思っていました。ところが、社長として会社を引っ張っていく立場になってしまった。彼らほどの頭脳をもたない自分に、それが可能なのだろうか?

正直、「こんなはずじゃなかったよな……」とは思いました。でも、目の前が真っ暗になって呆然とするほどでもなかった。のんきなのだと思います。それより、会社を終わらせることだけはしたくなかった。

システム商品というのは、売っておしまいではありません。その後も延々とサポートを続ける必要がある。営業先では5年後10年後も会社が存続している前提で話しているのに、ここでお客さんを裏切るわけにはいかない。エンジニアたちも「吉田さんが社長やるなら残りますよ」と言ってくれたので、覚悟を決めました。

「その日」はなかなか来なかった

私が社長になった2005年の時点で、全社員は6人。立ち上げ時の5人から社長2人が辞めたものの、全体では1人増えていた。ようやくITバブル崩壊の影響が出始めて、IT業界も景気が悪くなり、人が採りやすかったのです。

ただ、業績は苦戦なんてレベルではありませんでした。翌2006年度には早くも赤字に転落。2007年度、2008年度、2009年度と4年間も赤字が続きます。リーマンショックに見舞われた2008年度の赤字額は、売上高の半分近くもの規模です。ちなみに売上高も2011年まで1億円を割り込むのが普通でした。

当初の目論見通りに進まなかったのには理由があります。ひとつは時代の問題。もうひとつは信用の問題。

いずれ電子書籍で小説やマンガを読んだり、ネットを通じて映画やドラマを見る時代が来る。そのときに著作権を守る技術が必要になる――。この発想自体は間違っていなかった。でも、配信の時代がなかなか来なかったのです。実際にやってきたのは、予想よりだいぶ遅かった。

サイファーを立ち上げた時期には同業のベンチャー企業がたくさんあったのですが、みんな「その日」を待てずに辞めていきました。そんなに儲かるジャンルでもないと見極めがついたこともあるでしょう。みんなセキュリティにはあまりお金をかけないので、市場がさほど大きくなりそうにない。それでライバル企業の8〜9割がたは去っていった。

もうひとつの、信用の問題。うちの暗号技術は企業の機密情報を守るためにも使えますが、どこの馬の骨ともわからないベンチャー企業が営業に行っても相手にされないのです。大企業なら売れる商品でも、サイファーというだけでは売れません。

私は「技術のわかる営業」として、製品の企画から関わっていました。商品の設計みたいなところまでやっていたので、「売れないのはエンジニアが悪いんだ」とも言えない。自分の責任も大きいので、誰も責められません。

結局は時間を売っていた

2008年ぐらいまで、セキュリティ商品はほとんど売れませんでした。では、どうやって食いつないだかというと、受託開発と派遣です。

受託開発というのは、お客さんから依頼されたソフトを作る。コンピュータ関連の仕事ではあるのですが、セキュリティとはまったく関係ありません。例えばパチンコ機の液晶演出プログラムを開発したりしていました。

派遣というのは、企業に人材を派遣して、そこの仕事を手伝うことです。一人のエンジニアとして派遣先企業の手足になるだけの話で、こちらもセキュリティとはまったく関係ありません。

私自身、２００３年の会社立ち上げ直後から、２００５年に社長になる直前まで、自分をＮＴＴのグループ会社に派遣していました。セキュリティ商品の売り込みに行ったら、歯牙《しが》にもかけてもらえず、商談は10分で終了。その後の雑談のなかで、「じつはジャストシステムで品質管理の仕事やってたんですよ」と話すと、「じゃあ、その経験を生かして、うちの仕事を手伝ってくれ」ということになりました。

民放テレビのコンテンツをインターネット配信するプロジェクトが難航していたので、そのお手伝いをすることになったのです。

サイファーは、そもそもライセンスビジネスがやりたくて立ち上げた会社です。自分たち主導でいい製品さえ作っておけば、あとは紙幣を刷るように儲かるイメージ。ジャストシステムを見習って、権利（ライセンス）を売るビジネスがしたかった。時間を売ることだけはするまいと考えていた。ところが現実は、時間を売って食いつなぐしかなかったのです。

受託開発や派遣であっても、頭数を増やせれば売り上げを伸ばすことはできます。ところが、こんな無名の会社には誰も入ってくれない。２００５年から２０１１年までの７年間、全社員は６～７名のままでした。出入りの激しい業界なので入れ替わりはあっても、総員はまったく増やせなかったのです。

どんなに小さな会社でも、オフィス代、光熱費、通信料など最低限のコストはかかります。社員が増えなければスケールメリットが働きません。売り上げは伸びていかないし、トータルでは赤字になる。八方ふさがりでした。

世界のキヤノンが認めたのだから

赤字が続き、借金も累積していきます。それでも会社をたたまなかったのは、ごく少数ながら、応援してくださるお客さんと巡り合えたからです。キヤノンやベネッセといった大企業が、かなり初期からうちの商品を買ってくださったのです。

彼らとのやり取りのなかで、こちらも学ぶことが多かった。キヤノンだと、ＯＡ機器の保守マニュアルに、うちの暗号技術が使えないかと打診されました。サービスセンターの人しか読めないようプロテクトをかけられないかと相談されたのです。

ただ、問題があります。キヤノンは全世界に展開していますが、なかにはインターネット環境の悪い国もあることでした。そこで、インターネットにつながっているパソコンを経由して、つながっていないパソコンにもプロテクトをかけられるような新技術を必死になって開発しました。

ＩＴ企業でベストの展開は、たくさん商品が売れること。次善はまったく売れないこと。少しだけ売れるのが最悪で、メンテナンス費用ばかりかさむ。売り上げ20万円なのに、維持費は１００万円みたいな話で、逆ザヤになってしまう。そういう意味では、大企業の仕事でも少数では儲かるものではなかったのです。

でも、世界のキヤノンが私たちの製品を評価して、「御社の商品を使いたい」と言ってくださる。その事実が自信になった。いまは苦しいけれど、うちの商品に注目が集まる日がいずれ来る。そう信じることが心の支えになりました。

いや、無理にでもそう信じようとしていた、というのが正確なところかもしれません。それぐらい厳しい状況でした。

テポドン飛んできてくれないかなぁ

受託開発と派遣を柱にしていては、目指す未来につながりません。

受託開発であれば、自分の会社へ持ち帰れるので、まだ効率化がはかれます。一方、派遣というのは、先方に出向いて、先方の指揮系統のなかで働くので、空いた時間に別のことはやれない。完全なる「時間売り」にすぎませんでした。とりあえず純粋に時間を売る派遣はやめようと、2006年に完全撤退しました。

その後は、ほとんど売れないセキュリティ商品と、受託開発の2本立て。実質的には受託開発で売り上げを立てていました。

ところが、2008年9月にリーマンショックが起きると、受託開発がほとんどゼロになってしまった。派遣をやめたのは戦略的撤退でしたが、受託のほうはマーケットから強制的に撤退させられました。

じつは私がNTTのグループ会社に派遣で行った関係で、受託開発の仕事をもらえるようになり、これが収益の柱になっていました。しかし、リーマンショックで倒産する企業が相次いだため、会社もある程度の規模の会社でないと仕事を任されないようになりました。弱小のうちは足切りされてしまったわけです。

本当に危機的な状況でした。2008年度の売上高は6300万円ですが、営業利益はなんと2700万円の赤字。マーケットから退場させられる寸前。完全に俵に足がかかっている状態でした。政府がリーマンショック対策として中小企業の財政支援を打ち出してくれたから、なんとか生き残れたぐらいのものです。

社員の給料を減らすわけにはいかないので、当たり前ですが自分の給料を減らしていきました。給料ゼロのときもありました。

友人のベンチャー企業社長たちが私の苦境を救おうと、「○○社長を紹介するよ。絶対、仕事につながるから！」と声をかけてくれるのですが、その会合に行くお金がない。これは本当になさけなかった。カードローンで急場をしのいだこともあります。

うちの給料日は毎月25日なのですが、10日ぐらいになると憂鬱になってくる。確実に今月も金がない。そこで、辞めたあとも仲良くしていた初代社長に泣きつく。25日の朝に電話をかけて、「すいません！　２００万円貸してください！」。月末には取引先から入金があるので、「5日後には必ず返済しますから」と。

初代社長は元銀行マンですから、めちゃくちゃ叱られます。「こんな資金繰りは最悪だ。二度とやるな！」。でも、ものすごく優しい人なので、結局は「15分以内に振り込んでおくわ」と言ってくれる。

ところが、翌月もお金がない。初代社長の言うことをよくよく理解しているだけに、25日まで言い出せない。でも、結局、25日の朝にまた電話することになる。「お前はバカか！何回言ったらわかるんだ」となじられるのですが、優しいのでまた貸してくれる。給料日が近づくと憂鬱で、眠れないぐらいでした。

非常に不謹慎な話ですが、よく「北朝鮮からテポドン飛んできてくれないかなあ」と妄想しました。払うつもりはあるのだけれど、ATMが機能停止したために給料を振り込めない。悪いのは私じゃない。振り込む意思はあったんだ――。そんな状況を夢見るのですが、残酷にも給料日の朝は平穏にやってくるのです。

夜明け前がいちばん暗い

初代社長からはよく「こんなこと続けても、何の意味もないぞ」と説教されました。ビジネスというのは見極めも大切だ。ときには損切りするほうがいいこともある。本当にサイファーを続けていくのがいいのかどうか、よく考えろと。

理屈のうえでは反論の余地もありません。でも、結果論で見れば、私が愚直に続けることができたから、今日がある。こればっかりは、その時点では判断できなかったのかなと思っています。

ただ、自分に会社をたたむつもりがゼロでも、マーケットから退場させられる可能性はあると覚悟していました。銀行から撤退宣告を出されるかもしれません。自己破産の仕方など、このとき読んだ本は、いまでも私の本棚に残っています。

初代社長から唯一褒められたのは、「お前は金を借りる能力だけはすごいな」。いまの財務状況で銀行が金を貸す可能性なんてゼロだ。あり得ない。それなのに助けてもらっているのは、よっぽど明るい未来を語る能力があるんだろうと言われました。「その能力を別のジャンルで生かしたほうが、金は儲けられるのに」とも言われましたが。

とはいえ、かすかな光明は見えていたのです。「夜明け前がいちばん暗い」と言いますが、地平線がほのかに明るくなっている印象はありました。マーケットの変化と、サイファーに対する評価の変化です。

日本でも2008年にiPhoneが発売されて以降、スマートフォンが急激に普及し、音楽や動画、雑誌や書籍をダウンロード販売することが一般化しました。また、光ファイバーなどインターネット通信の環境も格段に良くなってきていた。

これまで物理メディアでの販売が中心だったコンテンツ市場が、一気にインターネットを介したデジタル配信へと移行し始めたのです。私の実感としては、まさにリーマンショックの2008年くらいから大きく動き始めた印象があります。

待っていたものが、ついにやってきた。ライバルたちは辛抱がきかなくて、とうに勝負を降りていますから、特定のジャンルではうちの独擅場《どくせんじょう》に近い。電子書籍のコピー防止の問い合わせも急激に増えていました。マーケットの潮目が変わったわけです。

もうひとつは、うちへの評価が変わりました。営業先のお客さんから「もう5〜6年もやってらっしゃるんですか」と驚かれることが増えた。石の上にも3年といいますが、細々《ほそぼそ》とでも続けてきたことが評価されるようになった。こちらとしては同じコンセプトの商品を、まったく同じ気持ちで売っているだけなのですが、続けてきたことが評価されるようになりました。

これまでずっと「実績のない会社とは取り引きできません」と言われ、「その実績を作るために取り引きしたいんだけどなあ……」と悔しい思いをしてきました。ところが、「5年もやってるなんて、本物じゃないですか」と言われるようになったのです。なにしろ立ち上げから3年後も残っているベンチャー企業がほとんどない世界ですから。

リーマンショックは神の声

サイファーが評価されるのは、著作権保護という非常に狭い分野で、長く続けてきたことの希少性だと思っています。自社でプロダクトを生産し、お客さんをサポートし、なおかつ長く続けているのは、じつは非常に珍しいことなのです。技術の切れ味がどうこうという以前に、続けてきたことで信頼を得た。

同じ製品をずっと出し続けていると、例えば「OSが今度、ウィンドウズ10に変わると、この製品に何が起こるか」といったことが予想しやすくなります。これまでの知見が積み重なってきているだけに、事前にトラブルを察知し、テストしておくことができる。だから、お客さんとしても、安心して使い続けられる。こうした部分が信頼につながってきたわけです。

私の父はいまも日和佐で小さな金物屋を営んでいますが、口癖のように「商売は続けてナンボや」と言っています。父もそれを祖父から教わったそうです。まずは信頼を得るために続ける。信頼を得たところで、ようやく商売がスタートする。私もこのときほど「続けてナンボ」を実感したことはありません。

激しく変化する情勢に合わせ、フットワーク軽く転身する。そんな人が「デキる男」として評価される世の中です。愚鈍に同じことを続ける人は評価されにくい。私は自分が変化に対応できる人間だと勘違いしていたので、これは結果論ではあるのですが、やはり何事も愚直に続けられないとダメだなと思います。いま若い人たちからさまざまな相談を受けたときにも「とにかく続けろ」と言っています。

2010年ぐらいから、電子書籍の仕事がグーッと増えてきました。ようやくセキュリティ商品だけで勝負できるようになったのです。そして念願の黒字転換。

いまにして思えば、リーマンショックは「自分の得意分野に集中しろ」という神の声だったような気がしています。目先の金儲けを捨てるのは、自分ではなかなか決断できません。でも、強制的に受託開発をやめさせられたことで、肚が決まった。ちょうどそのタイミングで「その日」がやってきたわけです。

ただし、採用問題は残されたままでした。2010年度の全社員は6名。人の入れ替わりはあれど、社長になった2005年とまったく変わらない。仕事はあるので、人員さえ確保できれば業績を拡大できると予想できるのに、その人員確保の目途が「まったく」と表現していいほど立ちませんでした。

水平線はかなり明るくなっている。でも、社員が増えないかぎり、本格的な夜明けはこない。単年度で黒字転換したといっても、これまでに累積した赤字額は大きい。借金の返済があるから、資金繰りも苦しい――。状況は絶望的なままでした。

第2章　半X半ITという働き方

女性が働きたくないオフィスはダメ

私は2005年、33歳のときに再婚しています。社長になった直後です。

どん底の時代に救われたのは、妻がベンチャー企業社長の悩みをよく理解していたことです。彼女は人材派遣会社に勤めていましたが、上司や仲間とともに独立。私と知り合ったときは人材系ベンチャー企業でマネージャーをやっていました。

企業の立ち上げがいかに大変か、黒字にすることがいかに大変か、彼女は身をもって体験していた。ベンチャー企業というのは、試行錯誤の連続で勝ち筋が見えているわけではないということを、自分の体験でよく理解していたのです。

そういう意味では、私が社長になって大きな責任を引き受けることには、内心、大反対だったろうと思います。状況が状況ですから、口に出して反対することはなかったけれども、私がつらい目にあうのは予想できた。私は家で仕事の愚痴をこぼすタイプではありませんが、どん底時代はかなり暗かったはずです。聞いてみたことはありませんが、打ちのめされた私をどう見ていたのでしょう。

まだ付き合っていた時代、サイファーのオフィスに案内したことがあります。ひと目見るなりダメ出しされました。

「女性が働きたくないと感じるオフィスは絶対にダメ。人材紹介のプロとして、ここは人材を紹介したくない会社の筆頭だよ」

サイファーは練馬区の大泉学園町で立ち上げています。初代社長の知り合いが、ビルを無料で貸してくれたのです。１年後の２００４年、池袋の一軒家に移りました。彼女がダメ出ししたのは、そのオフィスでした。

住宅街の一角にある民家ですが、創業者心理として「オフィスは仕事をせんやろう。そんなものにお金をかけたくない」と思うものなので、家賃が安い点も気に入っていました。しかし、閉じられた空間に男性社員ばかりで、女性が助けを呼んでも外に聞こえそうにない。「こういう会社だから人が採れないんだよ」と言われて、納得しました。

それで２００７年に市ヶ谷へオフィスを移したのですが、それでもほとんど人が採れなかった。オフィスは一因にすぎなかったのでしょう。

給料も少し上げましたし、お金を使って募集もかけた。でも人が集まりません。大手ＩＴ企業と比べたら、給料も低いし福利厚生も十分ではない。無名だから、自分の会社を友人にも自慢できない。うちのような会社が選ばれる理由がなかった。要は総合力の問題なのです。

ＩＴ業界は、マーケットの成長に人材の増加が追いついていません。総務省や経産省が本気でIT人材を増やそうとしていますが、つねに人手不足です。だからフリーランスでも食っていきやすいし、転職も多い。完全に売り手市場なのです。

募集広告を出しても、人材紹介を受けても、ヘッドハンティングをやろうとしてもダメでした。東京には若者が溢れているというのに、誰も相手にしてくれません。でも、人を増やさないかぎり、サイファーの未来はない。どうすれば人が集まってくる会社になれるのか？何年間も悩むことになります。

自然とボスになるはずなのに

辞めた会社の社長からビン・ラディン呼ばわりされた私ですが、サイファーでは社員たちから「嘘つき」と思われていたことでしょう。

新年度の事業計画は、スーパーマリオのマリオが階段を飛び上がるみたいに、階段状に売り上げも社員数も増える計画になっています。私も気持ちが悪いのですが、社長である以上、「今期も赤字の予定で〜す」なんて言えるはずがない。今期こそ必ずV字回復します、という絵を描くしかありません。

キヤノンやベネッセはアーリーアダプター（新たに現れた革新的商品やサービスなどを比較的早い段階で採用・受容する人々）であって、うちの商品が本格的に売れだす日が来る。必ず大勢の人が買ってくれる。そういう前提に立たなければ、社員の士気も上がらないし、銀行もお金を貸してくれません。

うちは12月決算ですから、6月末ぐらいには、下期の見通しが見えてきます。すると社員から「売り上げも人員増も、どちらも未達じゃないですか。よく毎回毎回、こんな計画が立てられますね」と詰め寄られる。全部で6人の会社だし、フラットな組織ですから、社長と社員というより仲間の感覚に近い。そのぶんズケズケとなじられる。

どこかのビジネス書で読んできたのか、部下からは「ベンチャーの採用力は社長次第だ」なんて責められる。「じゃあ、とにかく人を増やすわ」と言えば、「人を増やせばいいって話じゃない。誰をバスに乗せるかがいちばん大切なんだ」なんて切り返される。つくづく嫌になりました。

何よりヘコんだのは、自分に人気がないと判明したこと。体が大きいこともあって、付いたあだ名は「ボス」。なんとなく人が集まってくるタイプだった。「こいつと一緒にいると面白そうだな」と集まってくる。リーダーになりたいとか、学級委員に立候補するといったタイプではないのですが、自然と人が集まってきた。

サイファーの初代社長とはいまも仲良くさせていただいてますが、「俺が社長をやってた時代も、実質的にはお前の会社だったもんなあ」と言われたことがあります。

自分の最大のウリは「自然と仲間が集まる能力」だと自己認識していたのに、社長になって以降、誰も相手にしてくれない。２００３年に５人で創業して、社長になったときが６人。２０１１年になってもまだ６人というのは、人材紹介会社にお金を注ぎ込んでいることを考えるとちょっと異常です。

新しい人が入っても、また誰かが辞めていく。特に喧嘩をしたとかではないのです。事業の将来性に見切りをつけられたのかもしれませんし、経営者としての私に見切りをつけられたのかもしれません。

部下からは「ベンチャーの採用は99パーセント、社長で決まる」なんて言われ、自分には魅力がないのだとペシャンコになりました。本人は一所懸命やっているつもりなのです。でも、何かが間違っていて、うまくいかない。自信満々で起業したはずが、自分はイケてない社長なのだという事実を突きつけられた。

俺は賢いと思っていたけど、そうじゃなかった。俺は器用だと思っていたけど、そうじゃなかった。俺は人気があると思っていたけど、そうじゃなかった。それまでの自己イメージを何もかも壊されて、みじめな気持ちしかありませんでした。

「おいしい話」は落ちていなかった

思えば2001年に上京して以来、2012年にサテライトオフィスを出すまでの約10年間、心の平安を覚えたことはなかった気がします。やさぐれて無駄に夜の街で遊び回っていた時期もあったし、少なくともずっと悩んでいた。

会社を始めた以上、続ける責任はあると思っていました。お客さんを裏切ることだけは絶対にしたくない。でも、正直、仕事が嫌いになりかけていた。しんどいことばかり続いて、自分が何をしたいのかもわからなくなっていました。

自分自身、ベンチャー企業の社長というイメージに縛られている部分もあったのだと思います。精力的にいつも動き回っていなければいけないと思い込み、無理やり楽しいことを探していました。

再婚し、かわいい子供も生まれました。肩書は社長ですし、友達も多いし、周囲には申し分のない人生に見えていたかもしれません。でも、いつも「何か足りないなあ」と感じていました。

結婚してからは夜の街で遊び回ることこそなくなりましたが、ベンチャー企業の社長仲間の飲み会とか、異業種交流会にはしょっちゅう出かけていた。自分ではもう何をどうしていいかわからない。だから、外に「おいしい話」が落ちていないか、探しにいっていたのだと思います。答えが自分の外側にあると思い込んでいました。

当然、どこにも「おいしい話」が落ちているわけはなく、「そんなもん、今日もなかったわ」と疲れ果てて帰って眠る。なけなしのお金も出ていく。それでも、「これは回数が足りないだけなんだ」と、また出かけて飲む。当時は意味のないことをしているつもりはなかったのですが、実際は完全に迷路にはまっていたと思います。

また、当時は社員に対してもストレスを感じていたので、社員と飲むことはほとんどありませんでした。

その頃の経済状況と比べれば、いまのほうが豊かなはずなのに、いまは銀座の女性にも、異業種交流会にもまったく興味がなくなりました。漁師さんと一緒に飲んでるほうが楽しいし、ビジネスのヒントも湧いてくる。答えはどこかに落ちているものではなく、自分で作るものだと気がついたからでしょう。

田んぼとの出会い

ただ、素晴らしい出会いもありました。池袋にオフィスがあった時代、歩いて30秒ほどの場所で、一人で大工仕事をやってる同年輩の男性がいました。お店の外装・内装工事を自分でトンカンやっているようなのです。

思い切って「何を作ってるんですか？」と声をかけると、「オーガニックバーをやります」という返事。「オープンしたら、顔を出します」と。これが髙坂勝《こうさか》さんとの出会いでした。

髙坂さんのバー「たまにはTSUKIでも眺めましょ」はたちまち人気店となり、のちに彼は、『減速して生きる　ダウンシフターズ』（幻冬舎）、『次の時代を、先に生きる。』（ワニブックス）といった本も出すようになります（バーは2018年3月で閉店しましたが、私も最後にトークイベントをやらせてもらいました）。

その後、サイファーは市ヶ谷に引っ越しますが、私は池袋沿線に住んでいたので、付き合いは続きました。ときには明け方まで語り合ったこともあります。

彼は千葉県匝瑳《そうさ》市で田んぼをやっていたのですが、私も彼に誘われて2009年から参加することにしました。このときは異業種交流会と同様、「どこかに面白いことは落ちていないかなあ」という感覚でした。でも、この経験が、私の考え方やビジネスを大きく変えていくきっかけになります。

このときに体を動かした経験が非常に楽しかったので、翌2010年には同じ匝瑳市に自分の田んぼを借りました。

髙坂さんの田んぼは不耕起《ふこうき》・冬季湛水《たんすい》。千葉県の農業技術者・岩澤信夫《いわさわのぶお》さんが編み出した農法です。不耕起というのは、まったく耕さずに田植えをする技術。冬季湛水というのは、冬場も田んぼに水をはっておくことで、雑草を抑える技術。

一方、私の田んぼは、冬場は農業用水を止められてしまうため、冬季湛水ができない。それでいて無農薬でやりますから、雑草だらけになる。ほぼ毎週末、千葉まで通ってました。夏場、炎天下で死にそうになりながら草を抜く。でも、翌週来てみたら、先週作業したのは夢だったのかと思うほど、雑草が生えている。

母の実家が農家だったので、私も農作業の経験はありました。稲作もやったことがある。でも、今回は田植えも稲刈りもすべて手作業。いまの農家がやっていることと比べたら、何世代も前の農業です。プロの農家からすれば「お前ら、農業をなめてんのか！」と叱られそうですが、まあ、趣味でやるわけですから。

「何かをあきらめる」のは仕方ない？

私の稲作はすべて手作業なので、完全に人海戦術です。祖母から、「昔は村人が総出で、今日は○○さんの田んぼ、明日は△△さんの田んぼと、順番に田植えした」という話を聞いたことがあります。まさにそんな世界です。

中心になって作業するのは私と、ベネッセに勤めていた友人の嶋田崇孝《やすたか》さん。それぞれが友人に声をかけて人を集めます。

お金がからむ作業ではないので、人間の本性が出てきます。田植えや稲刈りといった楽しいイベントには、ものすごく人が集まる。一方、もっとも大変な真夏の雑草抜きにはどうしても参加者が減る。少人数で作業することになり、一面に生えた水草を見て絶望的な気分になる。でも、人間ってそういうものなのです。自分自身も違う局面では同じ行動をとっているはずです。

知り合いの社長たちと話していて、よく聞く不満が「どうして部下たちは、俺みたいに当事者意識をもってやってくれないんだ」。私自身、同じことを感じたことはあります。「なんで他人事《ひとごと》みたいに考えてるの？」と。でも、考えてみたら当然なのです。彼らは社長じゃないのですから。

社長と社員のあいだには、絶対に埋まらない溝がある。それを不満に思うのではなく、それでも「参加したい」と思わせる工夫をすることが大切じゃないのか？　そう視点をズラせたことで、気分が少し楽になりました。

私にとっての大発見は、けっこうな重労働にもかかわらず、参加した誰もが「こんなことがやりたかった」という感想を言うこと。都会に暮らす人たちも、こういう体験を求めていたのです。

都会の生活だけでは満足していない人がこんなに多いというのは発見でした。それは決して「重労働」ではなかった。彼らはエンジョイしていたのです。「千葉県じゃなかったら毎日でもやりたい」と言う人までいました。

私自身、同じ気持ちでした。千葉に田んぼがあるから、週末しかできない。じゃあ、もし家の近所に田んぼがあったら、どうだろう？　東京に住んでいる以上は無理な注文です。じゃあ、もし東京じゃない場所に住んでいたら？　そう考えたことが、のちのサテライトオフィスにつながっていきます。

私たちは何かを得るために、何かをあきらめて生きています。仕事のために家族と過ごす時間を減らす。仕事のために自分の趣味の時間を減らす。自分の趣味のために仲間と飲む時間を減らす……。時間は有限なのだから仕方がありません。でも、それらのすべては本当に「仕方がないこと」なのでしょうか？

私はそもそも何かのために何かをあきらめるのが苦手なタイプなのです。だから友人たちから「欲望の千手観音」と呼ばれることもあります。すべてやりたい。大都会に住んで働くという前提条件を崩すことで、「何かをあきらめない生き方」が可能になるかもしれない。まだ明確な像は結んでいないものの、田んぼが気づかせてくれました。

努力しても結果が出ないことはある

もうひとつ、田んぼで学んだことがあります。仕事の意味を考え直すきっかけになった点では、こちらのほうが重要かもしれません。

農業は天候の影響を受けます。台風が来て一発でアウトになることもあれば、日照りに苦しむこともある。こちらでどんなに事前準備しようが、ときに結果は人知を超えたところで決まります。頑張ったら頑張っただけのリターンがある世界ではない。

稲刈りが終わると、脱穀の前に、稲の状態のまま木などにかけて天日で乾かします。「稲《は》架《さ》かけ」という作業です。初年度の稲刈りも無事に終了し、稲架かけまでやって、みんな大満足して東京へ帰りました。

ところが、その晩、現地から電話がありました。大風が吹いて、稲架かけした稲がすべて倒れていると言うのです。田んぼにはまだ水が残っているので、このままだと稲の状態のまま発芽してしまう（「穂発芽」といいます）。でも、翌週末まで時間はとれません。翌週行ってみると、案の定、穂発芽していた。

炊いてみると、「食べられなくはない」程度の味でした。友人総出で田植えをし、炎天下に雑草を抜き、半年間働いて、成果がこれかと。正直ガックリきました。

でも、考えてみれば当たり前の話なのです。農業に限らず、漁業だって、船を出したのに一匹も釣れないことはままあります。自然を相手にしていると当たり前のことが、都会に暮らしていると当たり前ではなくなってしまう。10の努力をしたら、10のリターンがあって当然だと思い込んでしまうのです。人間は自然と離れたら謙虚さを失ってしまうのだと、あらためて気づきました。

努力しなければ結果は出ない。でも、努力したからといって、必ず結果が出るわけではない――。こんな当たり前のことを私は忘れてしまっていたのです。

私はそれまで「器用に立ち回りたい」と考えて生きてきました。10の努力に対して10のリターンどころか、100のリターンを求めるタイプでした。「俺たち10しか儲かってないのに、なんで吉田さんだけ100も儲かるの？」と周囲をうらやましがらせたいタイプの人間だったのです。

もちろん、そんなうまい話はありません。実際には100のリターンどころか、10のリターンさえおぼつかないことのほうが多かった。でも、頭のなかの自画像が「100のリターンを得る男」だったから、そのぶん大きなストレスを抱えることになりました。「こんなはずじゃない。もっとできるはずなのに、どうして結果が出ないんだ」。いつの間にか欲張りな人間になっていたのです。

仕事が嫌いになりかけていたのも、儲からない＝価値がないと発想していたからではないのか？　10の努力に対して10のリターンがなかったとしても、意味のある努力というのがあるはずです。実際、最終的にお米ができなかったからといって、みんなでワイワイ田植えや稲刈りをした楽しい思い出までが消えてなくなるわけではありません。穂発芽したって、「来年も楽しませてよ」と言ってくれる友人もいたのです。

汗をかいたこと、失敗したことまで含めてリターンと考えるなら、しっかりリターンは得ていたのです。私が「100になる成功例しかリターンと認めない」と凝《こ》り固まっていたから、不満に感じただけの話。問題は100になることしか認めない私自身にあると気がつきました。

自分が不幸を感じていたのは、等価交換以上の報酬を求めていたからではないのか？　このへんから、10の努力に10以上のリターンを求めるような、肩ひじ張った生き方をやめるようになりました。

仕事って何のためにやるのか。稼ぐってどういうことなのか。働く意味を根本から考え直しました。それまでの自分は謙虚じゃなかった。「リターンがあることを前提にしなくてもいいじゃん」と思えるようになったことで、精神的にずいぶん楽になりました。

社員をサーフィンに行かせよう？

２０１１年3月、２年目の稲作のために田起こしをやっていた頃、東日本大震災が起こりました（この年の田んぼは断念しました）。

３・11の経験は、多くの人の生き方を変えたと思います。東京のコンビニやスーパーから商品が消えました。どんなにお金があったって、食べ物が手に入らない。都会の生活がこんなにもろいものだとは、誰にとっても驚きだったと思います。

最低限の農作物は自分で確保したいと、地方に移り住む若者が増えました。

私自身、都会の生活に不安を感じましたし、もうひとつ脱東京を選ばせる事情もありました。２００７年に長女、２００９年に長男が生まれたのですが、前々から男の子が生まれたら田舎で育てたいと考えていたのです。

私は日和佐の自然児として育ちました。息子に教えられることは、自然との付き合い方しかない。息子が小学校に入るタイミングで田舎に移り住むつもりだったので、想定期日は２０１６年になります。

とはいえ、まさか自分の故郷に戻ることになるとは、想定していませんでした。この時点では、千葉県とか山梨県とか、東京の近県に引っ越す程度のイメージしかなかったのです。

自宅を脱東京させるだけでなく、オフィスを東京の外へ移すようなことも、漠然と考えだしました。

ここまでの苦労で、うちのような弱小企業が東京で採用をやろうと思っても絶対に勝てないと痛感していました。大手企業と勝負しても、勝ち目はまったくない。でも、世の中には毎日、農作業をやりたいような人が、少数ではあっても確実に存在する。そうした特長で選ばれる企業になればいいのではないか？　要はゲリラ戦に持ち込むわけです。

私は釣りが趣味ですが、例えば出勤前に釣りをして、昼休みに釣りをして、仕事の終わったあとでまた釣りをする。そんな環境を用意してくれる会社があるのなら、働いてみたいと感じます。

べつに農業や釣りだけではありません。カヌーでも、トレッキングでもかまわない。いまは「週末まで辛抱しよう」とあきらめている趣味を、平日にやれるような会社があったら、魅力を感じてくれる人は存在するはずです。

とはいえ、それはまだ漠然としたイメージで、単なる思いつきのレベルにすぎませんでした。

パタゴニア社長であるイヴォン・シュイナードの『社員をサーフィンに行かせよう』（東洋経済新報社）はベストセラーになって、私も読んでいました。私のもったのもこの本のタイトルのようなイメージなのです。でも、彼らはアウトドア系アパレル企業ですから、社員がサーフィンをすること自体がマーケティングになる。田舎にオフィスがあることがメリットになるわけです。

一方、私たちの場合、田舎にオフィスを置いたからといって、いいセキュリティ商品が作れるわけではありません。そこには直接的な関連性はない。それに、営業のことを考えると、東京からオフィスを移すわけにもいかない。このへんをどう整理すべきか、まったくわかりませんでした。

吉田さんの故郷じゃないの？

2011年度の売上高はようやく1億円台まで戻し、黒字基調を維持しました。でも、相変わらず社員は6人のまま。

この頃の私は、人と会ったら「採用で困っててさあ」という話題。もう口癖のようになっていました。忘れもしない2011年の年末。友人から思いもよらない情報を得ることになります。

「仕事のあいまにサーフィンできるような会社にしたら、若い人が来てくれるかもしれないな、とか妄想してるんだよね」

「可能なんじゃないの？　先週、NHKニュース9で見たけど、いま徳島県って全県に光ファイバーがはりめぐらされてるらしいよ。サテライトオフィスの実験を始めたとかなんとか。徳島県って、吉田さんの故郷じゃないの？」

もうビックリ仰天でした。私の故郷でそんな動きがあるなんて初耳です。うちは徳島市にもオフィスを置いていますから、向こうのスタッフは知っていたはずです。でも、彼らもそれがまさか人材確保の突破口になるとは想像もしないから、私に知らせることもなかったのでしょう。

アナログ放送時代の徳島県のテレビは、関西から漏れてくる電波でいくつかの民放局が映っていました。2011年に地上波がデジタル放送化されると、NHKと四国放送しか映らなくなる。これではまずいということで、全県に光ファイバーを敷くことにしたのです。2002年から始めて、地デジ化した2011年の段階で、ケーブルテレビの世帯普及率で日本一になっていました。

2017年3月末時点のケーブルテレビの世帯普及率では、徳島県は89・8パーセントと、大阪府の87・4パーセント、東京都の81・7パーセントをおさえて、7年連続の日本一。全国平均は52・3パーセントにすぎませんし、70パーセント台は三重県、福井県、神奈川県、兵庫県の4県だけ。四国を見ても、愛媛県は37パーセント、香川県は27・8パーセント、高知県は24・6パーセントしかない。私も「なんで徳島県?」と首をかしげたぐらい、断トツのブロードバンド先進県だったのです。

そんな環境にありながら、ネット利用者は少ない。徳島県知事がよく言うのは、「5車線に軽トラ1台しか走ってないから、通信速度が速いんだ。東京だと大型車が100台も走ってるから遅くなる」。過剰投資と批判されかねない話ですが、それを通信に使うとなれば大きな武器になる。東京と徳島でデータのやり取りをするにも支障がまったくないわけです。

新しいワークスタイルの提案

サテライトオフィスなる言葉も初めて聞きましたが、場所というより、ワークスタイルに注目した用語のようです。本社や支社ではなく、かといって自宅でもない、その中間ぐらい。働き手がもっとも快適に働けることを優先した小規模なオフィス。だから東京に本社があるのに、都内にサテライトオフィスを置く例もあるようです。

社員の働きやすさを優先するという意味では、すでにサイファーはそれをやっています。立ち上げのときから徳島市に置いているオフィスは、まさにサテライトオフィスでした。「そうか!」と膝を打ちました。べつに全社を田舎へ移す必要はなかったのです。一部のオフィスだけ田舎に置いて、本社は東京に残せばいい。光ファイバーがあれば、徳島県の田舎でプログラミングしても、まったく問題ありません。

このとき実証実験をやっていたのは神山町《かみやまちょう》。神山町には、前年の2010年に名刺管理のSansanが進出。まだ1社だけでしたが、2011年5月からはサテライトオフィスプロジェクトという実証実験をやっており、このニュースを友人が見たわけです。神山町は山村なのでサーフィンはできませんが、全県のラストワンマイルまで光ファイバーがはりめぐらされているなら、海辺の町を選べばいいだけの話です。

誰しも、旅先で「こんな場所に住めたらなあ」と思った経験はあるはず。でも、「じゃあ、来月から移住してきたら？」と言われたら、ビビります。一方、サテライトオフィスはそのへんの距離感が絶妙です。東京の会社が田舎に置いたサテライトオフィスであれば、合わなければ東京へ帰ってくればいいし、合うなら完全移住してしまえばいい。お試し期間だと考えれば、心理的ハードルが下がる。

田舎に2〜3年住んで、また東京に戻ってくる手もアリですし、田舎と東京に半年ずつ住むという手もアリでしょう。いろんな働き方が可能になる。

単なる地方転勤と違うのは、昼休みにサーフィンをやるなど、働き方・暮らし方そのものが変わってくることです。それまでは、「田舎にいるからいい製品ができるわけじゃないしなあ」なんて、メーカー目線で考えていたので、メリットが見つけにくかった。そうした発想と完全に切り離して、働き手目線で考えると、いいことずくめに思える。「新しいワークスタイルの提案」と割り切って考えれば、優秀なエンジニアを引きつける決定打になり得るかもしれません。

私の魅力では人が呼べないのだから、サーフィンの魅力で人を呼ぶ。話題になるためには、株式会社がひとつもない村とか、漁師さんしかいない村とか、なるべくエッジを効かせたほうがいいだろう……。イメージが急激に像を結んでいきました。

救世主が来た

ニュース9の放送が2011年の12月で、その翌週に友人から聞いたわけですが、早くも翌2012年1月には現地へ視察に出かけています。そしてそのときにオフィスの場所まで即決してしまいました。

この年の3月に神山町にダンクソフトとブリッジデザインがサテライトオフィスを作り、5月に美波町にサイファーがサテライトオフィスを作りましたから、現在、徳島県に進出している企業では4社目になります。美波町では初。いまや60社を超えるサテライトオフィスがありますが、最初期の進出といえるでしょう。

徳島県も当時は手探りしている印象がありました。普通、地元に工場を作ってもらうとか、コールセンターを作ってもらうとか、いわゆる企業誘致は、産業政策局や企業支援課が窓口になります。でも、このとき窓口になっていたのは集落再生室。過疎地対策をやる部署です。つまり、路線バスがなくなったら交通機関をどうするとか、独居老人の医療をどうするとか、過疎地の問題を考える部署。

東日本大震災以降、リスク管理として本社機能の一部を福岡市や札幌市といった地方都市に分散させる流れは生まれていました。でも、さすがに山村や漁師町にオフィスを移すなんて発想は、まだ誰もしていなかったのです。

県の担当者が案内してくれたのは神山町と美波町。なぜこの2ヵ所だったかといえば、当時はまだサテライトオフィスなるものが何か、自治体の人々も理解していなかったからです。いまでこそ県内の多くの自治体が誘致に名乗りを上げていますが、当時はゼロイチを起こした神山町のほかには、美波町ぐらいしか手を挙げていなかったのです。

じつは少し前、美波町にベンチャー企業が来る話で盛り上がって、直前でご破算になっていました。神山町のほうには1社来ましたから、美波町の人たちをものすごくガッカリさせていたのです。そんなタイミングで私から連絡があったものだから、「うわ。救世主が来た！」という感じだったと思います。

美波町役場では、私の3歳のときからの幼馴染みである鍜治《かじ》淳也《じゅんや》さんを案内役につけてくれました。土木関係の部署の人なのに、特任的に私の担当にしてくれた。役場としても力が入っていたのです。

私も毎年、お盆には帰省していたので、鍛治さんとも会ったら立ち話する間柄でした。去年の夏も「採用がうまいこといかんのや」と愚痴をこぼしたばかり。まさかその半年後に、こういう形で再会するとは、お互い思ってもいませんでした。採用の問題と美波町を結びつけて考えるはずもなかったのです。

元老人ホームをオフィスに

まずは神山町でオフィス候補の古民家を5〜6軒見て、次に美波町で4〜5軒見ました。

神山町は噂にたがわず魅力的でした。NPO法人グリーンバレーの大南《おおみなみ》信也さんとはいまも親しくさせていただいていますが、このとき初めてお会いしました。博識で、しかも物腰も発想も柔らかくて「この人に惹かれて、みんな集まってくるのだろうなあ」と納得しました。

神山町は以前からアーティストを誘致するなど、町おこしの取り組みが長い。ちょっと桃源郷的な雰囲気があって、クリエイターが神山町を選ぶのはわかる気がしました。古民家のサテライトオフィスを見学したら、ハンモックの上でノートパソコンをいじっていたりして、私も心を動かされました。

でも、私の趣味では、もう少し泥臭いほうが落ち着くのです。山奥の桃源郷より、汗臭い漁師町のほうが好き。その後を見ても、やっぱり神山町にはお洒落なクリエイターやアーティストが集まっている。一方、美波町にはマリンスポーツが好きな人や、車座になってワイワイ飲むのが好きな人が集まっているように思います。両町をセットで視察している人も多いはずですが、きれいに好みが分かれるのでしょう。

それに、遊びという点では、海辺の美波町のほうに分がある。海遊びも川遊びも山遊びもできる。海岸から車で15分も走れば、清流としか言いようのない渓流がある。狭い範囲にいろいろ揃っているので、遊びのポテンシャルという意味では頭ひとつ抜けているのです。私の漠然としたイメージは「仕事のあいまにサーフィン」でしたから、海のある美波町に惹かれました。

美波町ではオフィス候補地も見ましたが、いちばんピンと来たのは、築50年ぐらいの元老人ホーム。いわゆる「お洒落な古民家」の対極にある建物です。しかもボロボロでした。鍜治さんも「さすがにこれを紹介するのは失礼かな」と思いながら案内したそうですが、逆にこれがいちばん気に入りました。

もともと県の老人ホームだったのが、ほかに移ったので美波町がここを改築してアーティスト・イン・レジデンスを作りました。芸術家が長期滞在して作品を作る宿泊施設&アトリエです。しかし、結局ほとんど使われることもなく、そのまま建物だけが残っていました。

でも、設備が残っているおかげで、宿泊室はもちろん、キッチンもシャワー室も用意されている。昼休みにサーフィンをし、シャワーを浴びてから午後の仕事に入る、なんてことが可能になるわけです。これはウリになります。町有ですからオーナーとの交渉も必要ありませんし、改修も町でやってくれると言います。

ロケーションとしては日和佐の中心街から自動車で10分程度の田井《たい》という集落。建物から徒歩20秒のところに港があり、船遊びしたい人には便利。サーフィンのスポットも近い。目の前に使われていない田んぼがあって、好きに耕してくれていいと農家さんが言っている。これなら昼休みに農作業をしたい人も喜びます。「ひと目惚れした」と伝えると、町役場の人たちが驚いていました。

故郷に錦を飾りたいだけだろ

ロケーションにも、旧老人ホームの施設にも大満足だったのですが、気にかかることはありました。それが私の故郷だったことです。

ベンチャー企業は成果が出なければ、半年で撤退するぐらいのスピード感で動きます。私はそれよりは多少長い目で見ますが、それでもサテライトオフィスがうまくいかなければ、撤退はあり得る。そうなった場合、日和佐で金物屋をやっている父が、「お前の息子は尻が軽いなあ」と言われて肩身の狭い思いをするでしょう。

対社内的にも問題があります。過疎地は日本全国にあるというのに、わざわざ自分の故郷を選べば、「社長は結局、故郷に錦を飾りたいだけじゃん」と受け取られることは確実です。私は故郷で威張れるほどの成功を東京でおさめたわけではありません。むしろこの時点では「社長としてイケてないなあ」という劣等感しかなかった。故郷に錦なんて気分になるはずがないのですが……。

でも、言葉で説得するのはなかなか難しい。ようやく黒字転換は果たしたものの、いまだ社員を増やせない私への信頼は地に落ちている。「サテライトオフィスに若者が集まってくる」なんて言っても、またまた「嘘つき」呼ばわりされるのがオチです。

もちろん私が心の底から確信していれば、その思いは伝わるのかもしれない。でも、私自身、このアイデアで人が来るのかどうか、確信がありません。窮余の策というか、いま打てるなかで最善の手だとは思うものの、「絶対に若い人たちが殺到してきます」と言い切る自信まではない。というか、当時、日本中探しても、そんな断言をできる人は存在しなかったでしょう。

だから、本当は美波町を避けたかったのです。光ファイバーの整備された徳島県でも、別の海辺はないものかと。

でも少なくとも関西で、美波町の存在を知らない人はいない。海水浴やウミガメの産卵を見に子供たちも来る。有名な場所のほうが人は呼べるはず。

「えっ？　美波町やったら、毎週3時間かけて遊びに行ってるけど、あんなとこで仕事ができるのん？」

そう驚かせたほうが、集客効果は上がります。

しかも、美波町としては第一号のサテライトオフィスになる。サイファーが成功したら呼び水になるので、行政も本気になってサポートしてくれる。

環境でも、行政のサポートでも、こんな好条件はちょっとないのです。

とはいえ、視察からの帰路は憂鬱になりました。「取締役や社員は間違いなくピンとこないだろうな……」。常識人であればあるほどピンとこないはずです。ひらめきのレベルの発想で、他人を説得しようがない。最初は社長のわがままだと思われようが、無理にでも通して、少しでも早く結果を出すしかない。そう肚をくくりました。

ちなみに銀行も、このアイデアにいい顔をしませんでした。すでにかなり借金をしています。そこへもってきて、成算もないのに三つ目のオフィスを出すというのですから、当然でしょう。しかし何とか説得しました。

こうして2012年5月、サテライトオフィス「美波ラボ（Lab）」がオープンするわけです。視察からわずか4ヵ月後のことでした。

仕事のためにあきらめる必要はない！

さて、サテライトオフィスをつくったのは、それをうまく宣伝して、採用に結びつけることにあります。

そのためには、美波ラボにおける新しいワークスタイルをどう伝えるか？　一瞬で人に伝わるキーワードがあったほうが、話題になるはずです。悩んだすえに思いついたのが「半X半IT」という言葉でした。

もちろん、有名な塩見直紀《しおみなおき》さんの「半農半X」のもじりです。サイファーという会社の採用戦略として使うわけですから、本業はITです。そこへXとして、サーフィンでも釣りでもトライアスロンでも自転車でも、好きなものを付け加えていく。もちろん、Xが複数あってもかまいません。

遊ぶ環境がオフィスのすぐそばにあり、平日も遊べる。給料は東京で働くのとまったく変わらない（東京オフィスの社員には家賃補助として2万〜3万円を上乗せしていますが）のに、地方だと物価が安い。しかも通勤時間がないに等しいので、趣味の時間も、家族と過ごす時間も、都会とは比較にならないほど増える。

仕事のために何かをあきらめるのは、もうやめよう——。私が呼びかけたのは、そこでした。大都会にいたときとまったく同じ仕事をしていても、田舎に住むだけで、趣味の時間も家族と過ごす時間も増やせる。

いままで無理だとあきらめていたことを、全部やりましょう。平日の朝からの農作業も、昼休みのサーフィンも、子供をたくさん作ることも、ここでは可能です。そんな新しいワークスタイル。まさに「欲望の千手観音」の面目躍如といったところ。私たちはもっともっと欲張りになっていい。

どうして「半農」を外したのか

塩見さんとは友人で、いい影響を与えていただいているのですが、彼の半農半Xにせよ、あるいは髙坂さんの「ダウンシフト（小さく生きること）」にせよ、その肝は自給的農業にあります。半農をやって、生きていくことだけは確保する、最低限の食べ物さえ確保しておけば、大地震が来ても、仕事がうまくいかなくても、なんとかなる。気持ちに余裕ができるぶん、大胆にXを追求できる。

とりあえず食べるものを確保したうえで、あとは自分の好きなXで生きていけばいい。東日本大震災を経験して以降、この考え方はより説得力を増したと思います。半農半Xをもじってキーワードを作るにせよ、「半農」を外してしまっては意味がなくなる。その肝を、私は平気で外してしまいました。半X半ITには、食料の確保という発想がない。これには理由があります。

まずは、これがサイファーという会社の採用戦略として作ったキーワードであること。サイファーの社員である部分は譲れませんから、生活費は会社で面倒を見ます。趣味のXとして農業を選ぶ人はいるでしょうが、すべての人が農業で食料を確保すべきだとは考えていないのです。

次に、田舎と都会では食べ物確保の不安がまったく違うこと。田舎に移住した人がみんな言うのは「お金を出して食べ物を買うことが少なくなった」ということです。親しくなれば農家さんは野菜をくれるし、漁師さんは魚をくれる。食べきれないぐらいくれます。田舎に住むという選択をしただけで、半農の部分はかなり満たされます。

田舎の場合、少なくとも「万が一」の緊急事態に、誰も助けてくれないことはありません。飢え死にすることは考えにくい。むしろ大切なのは、困ったときに助けてくれる人を確保しておくことです。地域に溶け込んで友人をたくさん作っておくことがリスクヘッジになるわけです。

そして、これが最大の理由ですが、私自身にあまり「食料を確保しとかなきゃ不安だ」という感覚がないのです。日和佐の自然児だったので、「海にも川にも魚はいくらでもいるし、死にゃあせんだろう」が基本的な発想になっている。私は陸上より水中のほうが動きは速いので、素潜りで魚をとるのも得意ですし、釣りにもそれなりの自信がある。加えてサバでもウナギでも、子供の頃からさばけました。だから、「いざとなったら、魚をとって家族を食わせるよ」と、のんきに考えているのです。

母方の実家は農家でしたが、猟もやっていました。ハトを撃ったり、シカやイノシシを獲ったり。私も罠を仕掛けて鳥をつかまえたり、パチンコで撃ち落としたりしていました。こうした動物の解体も子供の頃から見ています。

おばあちゃんと一緒に山に入って、食べられる野草を教えてもらったこともあります。当たり前のように春はタケノコ、秋は栗をとりました。自然が豊かな土地で育ったおかげで、身の回りは食べられるものだらけだと知っているのです。都会育ちの人との、もっとも大きな違いかもしれません。

実際に可能かどうかは別として、私にも「その気になったら、食べ物なんかすぐ手に入るよ」という気分がある。飢え死にすることはないという感覚をもっている。そんな感覚の人間からは「半農」という言葉が出てきません。美波町に生まれ育ったことを感謝すべきなのでしょう。

狩りガールが広告塔に

さて、半Ｘ半ＩＴの評判はどうだったのか？

いまでこそサテライトオフィスが増えていますし、多くの自治体が誘致に取り組んでいます。でも、私が決断したのは、ほとんど事例がなかった時代。あくまで人を採るための窮余の策であって、私も自信があったわけではないのです。

ところが、反応は予想をはるかに上回りました。まずはこの珍現象にマスコミが飛びついてくれた。進出決定後すぐに徳島新聞や朝日新聞など新聞各紙が取り上げてくれました。ビジネス雑誌はもちろん、「サーフィンライフ」とか「ビーパル」といったアウトドア系の雑誌も取材に来ました。

これまでさんざん人材紹介会社にお金を払ってきたのに、効果が出なかった。今回はタダで宣伝してもらい、応募が急増したのです。

10年間、６〜７人で動かなかった社員数が、サテライトオフィスを作った２０１２年には12人と倍増です。２０１５年には23人と、４倍になりました。このアイデアを出した私自身が驚いたぐらいです（ちなみに2015年度の売上高は、赤字最終年に当たる2009年度の4倍近くになり、営業利益も過去最高になっています）。

5月に美波ラボの開所式をやりましたが、当初のスタッフは3名でした。所長として徳島市のオフィスから移った社員が一人。あとは、中途で入ってくれたエンジニアの住吉二郎君と乃一《のいち》智恵さん。住吉君のXはサーフィン、乃一さんのXは狩猟です。

住吉君は埼玉県戸田市からのIターン。乃一さんは美波町の近隣の海陽町の出身で、徳島市内のIT企業で働いていました。実家から通うようになったのでUターンです。

そもそも美波町にITエンジニアは住んでいませんから、現地の人材を雇う事態は起こりません。半X半ITという言葉に惹かれて入社してくるのは、Iターン組か、少なくともUターン組です。都会の若者に向かって「田舎で新しいワークスタイルを実現しませんか」と呼びかけて、成功したわけです。

住吉君が応募してきたとき、私はガッツポーズをとりました。本当に「昼休みにサーフィンしたい」という理由で入社する人が存在したわけですから。私が「嘘つき」じゃなかったことが証明された。こういう極端な具体例があると、よりマスコミが取り上げてくれるようになります。

私がサーフィンにこだわったのは、Xが釣りや農作業だと、他の地方都市でもできる場所

サイファー・テック美波ラボ（本社）外観

サイファー・テック美波ラボ オフィス

があるかもしれないので、インパクトに欠ける。仕事のあいまにサーフィンができる土地など、日本中探してもそうそうありませんから、話題を呼ぶと思ったのです。

　そのときは思いつきもしませんでしたが、狩猟も十分、話題になる要素をもっています。猟銃を撃てるような場所もそうそうないので、破壊力という意味ではサーフィンと同じぐらいある。ラッキーなことに、人の注目を集めるXをもった二人が、最初に加わってくれたわけです。

　乃一さんは日本テレビ「NEWS ZERO」に出演しました。「狩りガール」として、桐《きり》谷《たに》美《み》玲《れい》さんと対談しました。開所式の1ヵ月ほど前の放映でしたが、この反響は非常に大きく、問い合わせも急増します。

　農業をやりたい人、自然のなかで子育てしたい人、自転車のロードレースがやりたい人など、さまざまなXを求めて人が集まってきました。数人の募集枠に10倍以上が応募してきたこともありました。この急増ぶりには、サテライトオフィスの効能を説いた私も、さすがに腰を抜かしました。

　面白いのは、美波ラボだけでなく、東京オフィスも徳島市オフィスも応募が増えたことです。「やっぱり美波ラボが希望ですか？」と聞くと、「とんでもない。だってコンビニも近くにないんでしょ。無理無理無理無理」という反応。応募してきた若者が、最初から東京を希望していたりする。

要は、そういう自由な働き方を認める会社だという点が評価されたのだと思います。「新しいワークスタイルを応援します」という会社のメッセージが、転職マーケットにちゃんと伝わった。これは嬉しい誤算でした。

2018年7月現在、全社員数は18名。出入りの多い業界なので変動はあるのですが、東京、徳島市、美波町でそれぞれ6〜7名というバランスになっています。

第3章　「つとめ」が人を再生させる

どこで働いてもかまわない

読者のなかには「半X半ITって、プライベートの時間に趣味をやれという話にすぎないでしょ。会社がそこまで口をはさまないでよ」と感じた方がおられるかもしれません。そういう当たり前の話で終わってしまわないよう、会社としても制度面でXを支援する必要があると考えています。

例えば2013年から、入社時に美波ライフで必要となりそうな遊び道具を買う支援金を出したり、勤続5年で2週間のリフレッシュ休暇を取得できたりと、Xをより充実させる制度を導入しています。

実際に住んでみると、田舎は意外にお金がかかることがわかりました。生活費は安いのですが、地元の人から遊びに誘われる機会が多い。あとで説明しますが、地域に溶け込むことこそサテライトオフィスが成功するカギだと考えているので、そういう意味でも会社として支援したい。

勤務時間も同様です。午前10時から午後7時までと決めてはいますが、柔軟性をもたせている。地元の漁師さんから飲みに誘われるとき、午後4時ぐらいには「そろそろ一杯やらんけー」と電話が入るからです。漁師さんは夜中に起きて漁に出る生活リズムですから、夜も早いのです。

ほかにも、フリーオフィス制を導入しています。どこで働くかを会社は指定しない。あなたの好きな場所で働いてください。極端な話、東京、徳島市、美波町で４ヵ月ずつ働いてもかまいません。夏だけ美波町でマリンスポーツを楽しむのでもいい。実際、徳島市オフィスと美波ラボを行き来しながら働いている社員がいます。

テレビ会議をはじめ距離を無意味化するツールが、以前とは比較にならないほど発達しています。ＩＴエンジニアにとっては、もはやどこで働いても変わりはないのです。自由度がものすごく高い。

一方、営業マンは東京にいないと難しい。いまだにお客さんの大半は東京にいるので、フェイス・トゥ・フェイスの仕事がたくさん残っているからです。

そういう意味では、サテライトオフィスはＩＴエンジニアのためのような職場なのです。まあ、優秀なエンジニアを採用するという目的で導入したのだから、それでいいのですが、いずれは営業マンも美波町で働けるようにしたい。

これに関しては、営業職でも「田舎で働きたい人は、田舎で営業しても問題が起こらないような売り方を考えてよ」と言っています。グーグルが世界的大企業になりながら、グーグルの営業マンに会ったことのある人はほとんどいないはず。商品構成を変えれば、営業マンが美波町で働くことも可能になるはずなのです。靴をすり減らす仕事だけアウトソースすることも可能でしょう。

本社を美波町に移す

以前から2拠点体制だったこともあり、3拠点にすることで特に問題は起きていません。もちろん日常的に顔を突き合わせる意味はゼロではないので、その部分ぐらいでしょうか。私としてはもっと飲みニケーションしたいのですが、忘年会だけでも3回やる世界で、なかなか頻繁には飲めない。

社員からいきなり「会社を辞めたい」と切り出されて、驚くことがあります。昔ほど日常的なコミュニケーションをとれないので、そこに至る経緯が見えていないのです。この部分には問題があるかもしれません。

ただ、いまやオフィスをもたない会社も増えています。必要なときはレンタル会議室で済ませるような企業がある。20代の社員の感覚は、私の世代とは違う。会社という概念が変わってきているのだと思います。そういう世代にとっては、社長と飲むことより、自分の時間を大切にすることのほうに価値がある。

製造業が日本経済を支えていた時代は、生産設備（工場）の場所に合わせて生活の場所を決めるのが当たり前でした。でも、もうそんな時代じゃない。生活の場所に合わせて働く場所を決めるのが、これからの常識になります。

会社のもつ物理的制約や時間的制約をどんどん取り払っていく。社員が好きなときに、好きな場所で働ける。社員自身がそれを選べることがポイントで、これからはそういう組織でないと、なかなか人を雇えなくなるのではないでしょうか。最大のポイントは、新しいワークスタイルにあります。

たまに勘違いされるのですが、美波ラボで雇ったのは、美波町外からやってきた都会の人たちです。都会の若者が、新しいワークスタイルに共感してやってきた。田舎にＩＴの職場がなくて困っていたから、地元のエンジニアが殺到したわけではないのです。そもそもＩＴ人材は美波町にはいませんでした。

美波町にサテライトオフィスを作ることで、10年間苦しめられた採用問題が一挙に解決しました。しかもお金も使わずに。これは私にとっては一世一代のクリティカルヒットでした。さらにエッジを効かせることで、この優位性を維持したい。そう考えて、１年後の２０１３年5月には、本社を美波ラボに移しました。東京オフィスが逆にサテライトオフィスになったわけです。

行政の方にしろ、町民の方々にしろ、ずいぶん面倒を見ていただきました。私個人としては、「この町の会社になりたい」「この人たちの近くにいて、何かの役に立ちたい」という思いが強かったのです。

さすがにそこまでやる会社はなかったので、これまた話題になりました。さらに社員が増えることにつながったのです。

匿名性のなさにもいい面がある

じつはその年の正月、家族に宣言しています。長男が小学校に上がる3年後の2016年、美波町に引っ越すと。

正月の段階では、本社移転も本決まりではありません。社内で合意形成して、株主総会にはかる必要がある。場合によっては、本社移転が否決される可能性もあったのです。仮にそうなった場合も、家族は美波町に移すつもりでした。美波町に通うなかで、「ここに住んでも全然、問題ないじゃん」と思うようになっていたからです。

前にも書いたように、男の子が生まれたら田舎で育てたいというのが、私の願いでした。妻にも結婚する前から、そういう話はしていました。自然のなかで遊ぶことぐらいしか教えられないし、私のように「人間、どうやっても生きていける」という根源的な自信もつけてほしかったのです。

山を見たとき「ああ、緑がきれいだなあ」で終わるのと、「あっ。今年はもうタラの芽が出てるな。てんぷらにして食べたらおいしいんだよなあ」と思うのとでは、見ている風景がまったく違う。実際に食べなくても、そう発想できることが人生を豊かにすると思うのです。魚や鳥はどうやってとるのか。飲める水と飲めない水はどうやって見分けたらいいのか……。いろんなことを教えてやりたい。

なので、それまでの3年間はなるべく家族を美波町へ連れていく回数を増やし、友達を作らせたり、徐々に足場を固めました。子供たちも美波町の豊かな自然に魅了されたようでした。東京生まれの妻は自動車を運転できませんでしたが、車なしでは田舎で生活できないので、免許をとってもらいました。

まだ小さい長男はピンときていない感じでしたが、長女はすでに小学校に上がっており、東京の友達と別れることに不安定になるときがありました。田舎への移住でテンションが上がる一方、東京を離れたくない気持ちもあったのです。

いちばん大変だったのが妻だと思います。子供が生まれたあと仕事を辞めましたが、そうなるとママ友を中心とした人間関係になる。私が仕事で飛び回って、子供の面倒を見られないというのに、頼りのママ友たちと離れるのは不安があったと思います。

でも、結局は、あっという間に田舎の生活に慣れました。もともと自然も好きなタイプですし、美波町には都会からの移住者もいる。女性は意外と外からやってきた人が多いのです。新しいママ友もすぐにできました。いまや仕事を三つ掛け持ちしたうえ、地元の阿波踊りチームにも加わりPTA副会長もやっています。

ただ、2016年4月に引っ越したとき、転入届けを出しに行った美波町役場に徳島新聞の記者が待ち受けていたのはショックだったようです。翌日の紙面に「美波のIT企業社長・吉田さん　家族で東京から移住」と大きく出た。住民票を移したことがニュースになった。こういう匿名性のなさが田舎の特徴であり、最初の洗礼を受けたというところでしょうか。

徳島県における徳島新聞の購読率は7割を超えており、その占有率は世界一。その影響力はバカにならない。妻としては、自分の年齢まで報道されたことにビックリしていました。

大都会から移住した人間が最初に違和感を覚えるのは、田舎の匿名性のなさです。私だって、美波町にいるときのほうが、東京にいるときより背筋を伸ばしている。東京にいるときのような「どうせ誰も見てないし」という気楽さがない。でも、それにはいい面もあります。どこへ行っても自分だと認めてもらえることです。これが人を再生させる面もある。それについてはあとで説明したいと思います。

川釣りも海釣りも楽しめる

久々に味わう美波町の自然に、私自身、魅了されました。ここまで魅力的な土地で私は育ったのかとあらためて感激した。さすが、カヌーイストの野田知佑《のだともすけ》さんが、「こんなに川遊びを楽しめる場所はほかにない」と移住されたぐらいです。

私の趣味である釣りに関していうと、車を少し走らせただけでフライフィッシングのポイントにたどり着きます。毎日でもできる近さです。猛暑の日など、昼休みの1時間を利用して、飛び込んで体を冷やすためだけに渓流まで来るぐらいです。

川にはダムや堰《せき》がないので、天然のウナギやアユが遡上《そじょう》します。ウナギに関しては、徳島県南では「穴釣り」という手法が一般的です。細い竹の先に針と糸がついていて、それをウナギの隠れていそうな岩の下に差し込む。エサはミミズです。ウナギが食いついたら、ピッと引っ張る。私は名人を自負していますが、仕掛けを1週間ほど置いておくやり方より、スポーツ性があって楽しい。

夜は夜で、テナガエビが山のようにとれる。そうしたものを居酒屋に持ち込んで、唐揚げにしてもらったりします。

一方、海釣りでは、日和佐はグレ（メジナ）やチヌ（クロダイ）、イシダイ、スズキなどの磯釣りのメッカで、週末になると大阪方面から多くの釣り人がやってきます。

秋はアオリイカのシーズンで、これも関西では有名なスポットがあります。餌木《えぎ》と呼ばれるルアーを使うのが一般的ですが、漁船に乗せてもらい、月夜にゆっくりトローリングすることもあります。

浜に行けばヒラメが釣れる。「泳がせ釣り」といって、生きたアジをエサにします。ヒラメは動いているものしか食べないからです。ヒラメに狙われるとアジが急に暴れだすので、釣り人は「そろそろくるな」とわかる。

地元の漁師さんから廃船にした漁船をもらい、「阿武能丸《アブノーマル》」と名づけました。これで沖に出ることもあります。魚のいる場所は、漁師さんが教えてくれます。岩や瀬に名前がついているので、「○○瀬の周辺を流したら、ようけおるで」と教えてくれるのです。

漁師さんの船に乗せてもらい、4〜5時間も沖に出て、カツオを釣ったこともあります。ただ、陸地が見えなくなると不安になって船酔いが始まってしまいました。港には何時間も戻れませんから、もう地獄です。それ以降、近場を阿武能丸で流すことはあっても、カツオ漁についていくことはなくなりました。

子供連れで釣りをするときは、港でも十分に楽しめます。安全な場所で、マメアジやイワシを大量に釣って帰ることができます。私にとっても、「ずっと美波ラボで働きたい」と思うほど、魅力的なXがあるわけです。

もっとも、美波移住後、私には薪ストーブという新しい趣味ができて、いまはそちらに夢中です。山に行って枯れ木を持ち帰り、息子と一緒に薪を割っているほうが楽しい。釣りもせいぜい港で息子と一緒にやるぐらいで、自分のためだけの快楽は追わなくなりました。まあ、薪仕事も、美波町でしかできないXではあるのですが。

東京時代の数倍忙しい

美波町で働くことで、個人の暮らしはどう変わるのか？　前出の住吉二郎君の例で見てみましょう。

埼玉県戸田市に住み、東京のオフィスまで通っていた時代は、往復3時間も通勤時間に使っていました。残業をやって深夜に帰宅したら、あとは寝るだけの日々。いまは車で5分も走ればオフィスに着く。3時間まるまる浮いたわけです。

戸田市時代は1LDKのマンションで、家賃は8万3000円。美波町では庭付き一戸建て5LDKで、家賃は3万3000円。5万円も安いのに、何倍も広くなった。給料は前職とさほど変わらないそうなので、生活はかなり楽になったわけです。

千葉県のサーフィンスポットまで車で2～3時間かかるので、週末しか行けませんでした。月に2回もできれば御の字だった。いまは最寄りのサーフィンスポットまで10分程度なので、体力が続けば、毎日でも可能です。もちろん週末ではなく、平日の出勤前にだってサーフィンを楽しめます。オフィスにシャワーがありますから、昼休みだって可能です。

さすがにこんなライフスタイルは、東京では不可能です。彼にとっては転職して美波町で働くメリットがものすごくあった。いまでは土地の女性と結婚して子供もできました。

自由時間は圧倒的に増えています。では、ゆっくりできるのかといえば、まったく逆。よく「田舎はスローライフでいいですね」と言われるのですが、「東京時代の何倍も忙しい」が大多数の意見です。もちろん私自身、まったく同じ感想をもっています。

例えばサイファー本社のある田井地区は、20軒ほどしかない小さな集落です。夏になれば定期的に共同草刈りがあります。若い人は消防団に入るのが当たり前で、認知症のおじいちゃんおばあちゃんが行方不明になって、2日間ぐらい捜索をやったこともあります。阿波踊りの練習もあるし、祭りの準備もある。美波町で言うところの「出役《でやく》」です。

都会では誰かがやってくれることも、田舎では自分でやらないといけません。南海トラフ地震に向けた避難路の整備もそうでしょう。家でも道路でも道具でも、ちょっとしたものなら自分たちで修理してしまう。そうした「お役目」や「つとめ」が無数にある。すべて無償の労働ですが、これをやってはじめて地域の一員になれる。

都会にいたときは、仕事、暮らし、遊びの3要素しかありませんでした。そこに「つとめ」という新しい要素が加わるのですから、何倍も忙しくなって当然です。

何十万分の一から一分の一へ

美波町日和佐地区の最大のイベントといえば、毎年10月におこなわれる秋祭り。〝ちょうさ〟と呼ばれる太鼓屋台を担いで町を練り歩き、日和佐八幡神社に勢揃いしたあと、クライマックスでは海に飛び込む勇壮な祭りです。

町内の八つの集落が〝ちょうさ〟を出すのですが、住吉君は移住3年目にして、住んでいる集落の責任者を任されました。わずか2日の祭りのために1年かけて準備するのですから、なまはんかな責任者ではありません。

日和佐には四国八十八ヵ所23番札所の「薬王寺」があります。古くからお遍路さんが行き来してきた土地なので、他所者に対する警戒感が薄いと言われたりします。開放的なところがあるのです。だから、住吉君のような新参者に、こんな大役を任せたのかもしれません。

もちろん、その背景には、若者が少ないこともあるのです。第1章でも書きましたが、若者は進学や就職に合わせて、多くが県外に出てしまう。田舎の集落はどんどん過疎化・高齢化しています。

65歳以上の高齢者が住民の半分以上を占める集落を限界集落といいますが、2015年時点での徳島県の限界集落率は42・8パーセントと、全国平均の20・6パーセントを大きく上回って日本一です。

65歳以上の高齢者が人口の何割を占めるかという高齢化率を見ると、2015年の時点で美波町は45・2パーセント。ほぼ2人に1人は高齢者なのです。全国平均だと同年で26・7パーセントですから、圧倒的に高い。

高齢者が主体の集落に若者の集団が突然現れると、ものすごく歓迎される。東京出身だろうが大阪出身だろうが、その日から大きな役割を与えられる。〝ちょうさ〟だって1トンを超えていますから、50〜60人いないと担げない。即戦力として歓迎されるわけです。

当初はサイファーが地元唯一のIT企業でしたから、高齢者にパソコンを教えたり、地元の中学校に頼まれてIT授業をやったりしました。もちろん無償です。いまも講演はしょっちゅうで、先日もかつて甲子園を沸かせた池田高校へ、うちの社員が「ネット犯罪の加害者にならないために」という話をしに行ったりしています。

会社の仕事だけでなく、こうした無数の「つとめ」をこなす。人口が少ないから、一人で何役もこなさないといけないし、人口が少ないぶん、一人当たりの責任も重い。

こうした役割は、都市社会では失われてしまったものです。若い移住者たちも、最初は面

海に入る〝ちょうさ〟(日和佐八幡神社秋季例大祭)

食らう。でも、嫌がる人は意外なほど少ない。「つとめ」を通じて、自分が地域社会から必要とされる存在だと実感できるからです。

「都会にいたときは、自分は何十万分の一だと感じていたけど、ここでは一分の一だと感じられる」

「こういうことがやりたかったんです。ようやく居場所を見つけた」

「都会ではいつも自分がちっぽけな存在だと感じていたんですけど、ここではあまり思わなくなりました」

そんな声をしょっちゅう耳にします。都会で居場所を見つけられなかった若者が、ここでは生きている実感をもてる。自分も社会の役に立てるんじゃないかと自信がつく。自分には何の価値もないなんて考えなくなる。「つとめ」の存在が、若者たちの心の再生に役立っているのです。過疎集落を救うと同時に、自分自身も救われている。

自分も役に立っているんだな

じつは、40代半ばになった私も、若者たちと同じことを感じています。

美波町では、集落の方々から「おかげで村が元気になった。ありがとう」と感謝してもらえます。本人から直接、感謝の言葉をかけてもらえることに、新鮮な驚きがありました。東京では長くなかったことですから。

都会では、社会のために何かやっているつもりでも、本当に役に立っているのかどうか、まったく見えない。この不透明さが、都会生活の「何か物足りない感じ」につながっていたのだと思います。

いまの東京オフィスは神楽坂にありますが、残念ながら神楽坂商店街の長と会ったこともなければ、「オフィスを置いてくれてありがとう」と言われたこともありません。東京都から「法人税を払ってくれてありがとう」と感謝されたこともない。それは義務であって、当然だと思われている。単なる「納税マシン」としての機能だけを求められているようで、そこに心が通う感じはありません。

一方、田舎では、集落の方から直接「来てくれてありがとう」と言われる。感謝されるほどの税金は払っていないのに、町長から直々に「本社を置いてくれてありがとう」と言われる。べつに感謝の言葉が欲しいわけではなく、自分が社会の中で果たしている役割が少しだけ見えた気がして、ホッとするのです。「そうか。自分も少しは役に立っているんだな」と確認できることが嬉しい。

いまの時代、人間を機能面からだけ見る風潮が強くなっているように感じます。「いまの若い子は車を買わない」と騒ぐとき、私たちは若者に「車を購入するマシン」という機能を押しつけていないでしょうか？「少子化で大変だ」と騒ぐとき、私たちは女性に「子供を産むマシン」としての機能を押しつけていないでしょうか？「海外旅行する若者が減った」と騒ぐとき、「航空チケットを買うマシン」としての機能を押しつけていないでしょうか？私が「俺って法人税を払うマシンかよ！」と感じているのと同じことです。

社会全体が、人間に機能だけを求めるようになってしまっている。

でも、田舎では違います。草刈りに参加するだけで、ものすごく感謝される。都会から来たばかりの若者は、草刈りなんかやった経験がありません。当然、地元のおじいちゃん、おばあちゃんほど上手じゃない。機能としては劣っているのです。ところが、手伝ったこと自体を感謝してくれる。このことに驚くわけです。

一緒にお酒を飲んだりすると、「○○君が来てくれて、村がにぎやかになった」と感謝してくれる。話を聞いているだけなのに、「ありがとう」と言われる。特別なことは何もしないのに、自分がそこに存在するだけで意味をもつ。都会ではちょっとない経験です。若い移住者たちが「居場所を見つけた」と言うのは、そういうことだと思います。

サテライトオフィスを出すまでは、「都会育ちの若者が田舎でやっていけるのか」と心配するところもあったのですが、まったく杞憂《きゆう》に終わりました。むしろ、自分の存在意義を確認できる場所として、好意的に受け入れられている。

自分の立ち位置が見える

私たちは社会の中の立ち位置が見えなくなっている気がします。自分は何者なのか。誰かに必要とされているのか。必要とされているなら、どういう形で役に立っているのか……。その座標がはっきりしないため、迷子になってしまう。都会生活で感じる漠然とした不安は、そのへんに原因があるのではないでしょうか。

日和佐の町を歩いて感じるのは、「コンパクトな町はいいなあ」ということです。1日あればほとんど回れる大きさだから、いま自分が立っている場所が認識しやすい。自分を座標軸の中に位置づけやすい。案外、こういうことが精神衛生上、いい影響を与えてくれる。大都会にいるときのような不安感が少ないのです。

大都会では、自分がいまどこにいるのか、わかりにくい。それ以前に、全体があまりに大きすぎて、座標軸が作れない。そういったことが人間にストレスを与える。全体像が見えないぶん、不安に陥りやすいのです。

田舎に匿名性がないというのは、逆に言えば、どこへ行っても自分を認識してもらえることを意味します。「いい天気だね、○○君」と声がかかるだけでも、自分も社会の構成員の一員だと実感がもてる。美波町に限らず地方に移住する若者が増えている背景には、そういう理由もあるのではないでしょうか。

小さい場所のほうが存在意義を実感できるというのは、会社にとってもいえることです。日本を代表する巨大企業はともかく、サイファーのような中小企業が東京にいて、社会を変えているという実感をもてることは、まずありません。一所懸命に頑張っても、どこか「力が伝わっていない感」がありました。

ずっと三振を続けているような感じです。毎回、思いっきりバットを振っているのに、まったく手応えがない。ボールも見えない。いつしか「ボールって、ホンマに飛んできてるのかなあ」と疑問に感じるようになった。シラけて当然です。

ところが、美波町に来ると、所帯が小さいぶん、ちょっとした取り組みで地域社会を変えているという手応えが得られる。「俺にだって何かできるんだ」と発見して、どんどんやる気が出てきた。同じ三振でも、ここでは少なくともボールが見える。「じゃあ、次は長打を狙ってやろう」と意欲が湧いてくるわけです。

マルチXな生き方

東京ではできなかった小さな成功体験を重ねるうち、「俺って、もっとやれるんじゃないの？」が加速していきます。第1章で書いたように、私は自分の力を最大限、使い切りたいタイプ。美波町のために自分をもっと効果的に使えないかと、考えるようになった。どんどん「つとめ」を増やしていった。

地元で頼まれる仕事は極力引き受けるので、肩書がどんどん増えていきました。美波町に進出した会社の役員や、四国大学の特認教授。美波町の参与や観光協会の理事、徳島南部地域のDMO（官民連携して地域観光を推し進める法人）の副代表理事、徳島県の教育の将来を考える検討委員会の委員など、可能な範囲で行政上の役目も引き受けます。こうした役割は10はくだらないのではないでしょうか。

それ以外に、草刈りがあったり、お祭りがあったりと、さまざまな「つとめ」がありま す。「人から求められるって、こういうことだったんだ！」と、40歳を過ぎて知った感じです。若者たち同様、初めて「自分が必要とされてる感」を覚えて楽しくなり、止まらなくなった。

映画『波乗りオフィスへようこそ』のモデルになったこともそうです。明石知幸監督が美波町出身ということで、あれよあれよという間に決まってしまいました。私の大好きな長渕剛の映画の助監督をやっておられたので、意気投合して飲んでいるうちに「あんたの話は絶対、映画になる」という流れになったのです。

正直、自分でコントロールできない自転車に乗っているような怖さがあります。ザラッとした違和感というか。心のどこかで「映画の話、ポシャッてくれないかなあ」と願ったこともありました。

まわりからは「社長は出たがりやな」と思われているかもしれませんが、じつはメディアに出るのはあまり好きではありません。特にテレビには、なるべくなら出たくない。でも、それは私だからできる役割のひとつ、「つとめ」のひとつだと思うようにしています。他の人が代わりをつとめられない。自分が広告塔になることで、美波町を日本中に知ってもらえるならその役割を引き受けるべきだと考えるようになりました。

いまの私の関心は「半Ｘ半ＩＴ」というより、「マルチＸな生き方」にあります。一人１００Ｘを目指している。Ｘのほとんどは趣味ではなく「つとめ」です。役割を増やすほうが人は幸せになれると知ったからです。

深く悩んでいる余裕がない

東京時代の私は、サイファーの社長、夫、2人の子供の父、という役割しかもっていませんでした。それ以外の時間は単なる消費者でしかなかった。いまよりはるかにヒマでしたが、ずっと「何か物足りないなあ」という気分がありました。

最近つくづく思うのは、現代人は、やることを減らしすぎたがゆえに苦しんでいるのではないか、ということです。

「ワークライフバランス」なんて言葉が独り歩きし、オンとオフをきっちり分けることが重要だと言われますが、私の考えは違います。美波町のサイファー本社には夕方になると漁師のおっちゃんが訪れ、「カツオ釣ってきたど。一杯やらんか?」と誘われる。消防団員の社員は、サイレンが鳴れば、仕事を放っぽり出して消火に駆けつける。そんな生活のほうが自然だし、幸せだと思うのです。

仕事と暮らしをキッチリ分けることが、本当に幸せにつながるのか? むしろ田舎のように仕事と暮らしがごちゃ混ぜになっているほうが、人間本来の生き方ではないのか? そう考えるようになりました。

しんどいことを避けるのが、昔より認められる時代になりました。会社の人間関係がつらければ、会社を辞めればいい。上司との飲み会が面白くなければ、参加しなければいい。勉強がつらければ、学校に行かなければいい。妻とうまくいかなければ、別れればいい……。いろいろな事情があるので、個々の決断自体を否定するつもりはありません。ただし、その先に心の平安は訪れないだろうとは感じています。

本人は悩みを解決するために、やることを減らしている。でも、それが逆に悩みを深めることにつながっている。

私自身の経験でも明らかです。やることが増えたぶん、悩みの数も昔の数倍になりました。ところが、あまりに忙しくて、ひとつひとつの悩みに深く入ることができない。一個一個の悩みにかけられる時間が限られるため、悩みも浅くなるのです。

やることが少なくて、ひとつの悩みに時間をかけられると、その悩みにグイグイグイグイはまっていけます。かつての私がそうでした。いまは、すぐに次の悩みが襲ってくるので、グイグイ悩んでいられない。

立方体には、面が六つあります。その角を削って多面体にしていくと、面の数はどんどん増えていくけれど、ひとつひとつの面積は小さくなる。さらに角を削って、最終的に球体になったとき、悩みなるものは完全に消え去ってしまうのではないか？　そんなイメージでとらえています。

ひきこもりの若者が田舎に移住して再生することがあります。それは案外、シンプルなメカニズムなのかもしれません。部屋にひきこもっているときは、24時間、すべてが自分の時間です。いくらでも悩みを深められる。でも、田舎ではなんだかんだとお役目を与えられる。他人のための時間が増え、自分のための時間が減る。次から次へと「つとめ」が降ってくれば、悩んでいる余裕などなくなる。

人間の暮らしとは、本来、そういうものではなかったでしょうか？　深く悩めるほど自分の時間がもてるなんて、ある意味贅沢《ぜいたく》なことだったのです。

田舎の生活は決して「スローライフ」などではありません。のんびり海を見ながらコーヒーカップを傾けて……なんて生活を夢見る人は、うまくいかないと思う。むしろ真逆で、めちゃくちゃ忙しい。でも、そのおかげで心のバランスがとれている。東京にいたときには予想もしなかった発見でした。

プレーヤーになるか消費者で終わるか

高度消費社会の日本では、消費者としての能力はどんどん研ぎ澄まされていきます。1円でも安く買う人のほうが賢い。10個の選択肢があるより、20個の選択肢があるほうが有利だ……。そうした行動原理も、人間を不幸にしているように思います。

私自身、40歳まではそうやって生きてきたのです。20個の選択肢では満足感を得られないので、「もっと選択肢を増やしたら、幸せになれるはずだ」と発想した。もちろん、それが30個になっても40個になっても満足できなかった。銀座で遊んだり、異業種交流会に出たり、次から次へとビジネス書を読んでいた頃がそうでした。

つくづく、恵まれたような、恵まれていないような時代だなあと思います。モノや情報がたくさんあることは、ある面ではありがたい。でも、それが溢れているおかげで、自分の座標軸が見えにくくなった。

いまは、そんなことに興味がなくなりました。正解は自分の外に落ちているものではないと気づいたので、探さなくなったのです。聞きかじりの最新ビジネス用語を振り回すこともなくなったし、他人の儲け話もあまり気にならなくなった。「自分じゃないこと」をしなくなりました。

地方移住を目指す若者のなかにも、「地方ホッパー」的な人がいます。エルドラド（理想郷）はどこかに存在すると信じているから、「ここよりもっといい場所があるかもしれない」と、短期間で次の候補地へ行ってしまう。

でも、正解はどこにも落ちていません。エルドラドは自分の心が作るものです。どんな土地も、自分の気持ち次第でエルドラドになり得る。逆に言うと、どこかにエルドラドを探しているかぎり、永久にそこへはたどり着けない。

地方移住を成功させるカギは、「プレーヤーになる」ことだと思います。「お客さん」として田舎の時間を消費するのではなく、プレーヤーとして「つとめ」を果たす。田舎を自己実現の場として利用するのではなく、「この土地で私ができることは何かないか？」と発想する。自分の役割を見つけられたら、人生が楽しくなるし、時間がいくらあっても足りないと感じるようになるのです。

田舎では65歳でもぺーぺー

最近、70歳近いご夫婦がサイファーのある田井の集落に関西から移住されました。当初は「余生は田舎で静かに暮らしたい」とおっしゃっていたのですが、地元の人からいろいろな行事で声がかかる。飲み会もしょっちゅうあるし、「つとめ」も増えていく。毎日忙しく、静かに暮らすどころではないのですが、「美波町に来てよかった」と、ますます元気になられました。

やはり、自分は必要とされていると実感することが、人を再生させるのです。プレーヤーになれるか、消費者のまま終わるのかが、地方移住の成否を左右する。これは若者も高齢者も変わりません。

いま全国的にシニアタウンを作るところが増えています。お金をもっている団塊の世代のために、ある区画に町を作り、都会から集団で移住させる。もちろん地元にお金を落とす点で無意味ではないのですが、たいてい消費者のままで終わってしまう。移住者同士の付き合いに終始することが多いからです。

私の実感でいえば、田舎に足りないのは消費者ではなく、担い手です。生産活動（お金が発生するかどうかは関係なく）に従事する人が圧倒的に足りない。いくら住民票の数が増えようが、消費者が増えるだけでは、地域を活性化させることにつながらない。

過疎地で暮らしている方は、70歳でもバリバリの現役です。日和佐の漁業組合員の平均年齢は68歳ですから、70代80代の漁師さんが当たり前にいる。65歳の漁師さんは「わしなんか、まだぺーぺーや」と言っています。

そんな人たちから見ると、60歳を過ぎてプレーヤーをやめ、単なる消費者になってしまう人のことがよく理解できないのです。仮に美波町にシニアタウンができたら、宇宙人を見るような気分になるはずです。

行政主導でシニアタウンを作るにせよ、どうやって地元のプレーヤーになるか、というところまでデザインしていくべきでしょう。移住するシニア自身、「つとめ」を果たして自分の存在意義を確認したいと思っているはずです。地下ではすさまじいエネルギーがうずまいているのに、発露の場がない。知らない土地であればあるほど、ますます発露できない。このロスは本当にもったいないないと思います。

過疎地はチャンスに満ちている

私が「半X半IT」というキーワードを掲げたとき、Xには趣味が入ることを想定していました。豊かな自然を利用すれば、さまざまな趣味が楽しめる。観光地へ遊びにいく感覚とそう変わりません。そこに暮らす人々への目線や、その地域に貢献しようという発想に欠けていた。「田舎を消費しようとしていた」と批判されても仕方のない面があったと、いまにして思います。

その後、実際に美波町で働くと、さまざまな発見がありました。過疎地にオフィスをかまえるメリットは、趣味以外にもあるとわかったのです。

ひとつは、さきほど説明した「つとめ」です。Xを趣味に限定するのでなく、地域における役割にまで広げると、都会では得られなかった満足感が得られる。自分にしかできない役割が見つかれば、人生は楽しくなります。田舎でのマルチXな生き方が人を再生させるのです。

サテライトオフィスは、新しいワークスタイルを提示する点で「働き方改革」に属するものですが、「生き方改革」にもつながっていく。生きている実感が都会で得られない若者は、たとえ無趣味であっても、過疎地に移住する意味がある。趣味としてのXがゼロであっても、そこに「つとめ」を入れればいいわけです。現地で暮らしてみるまでは、予想もしなかったことでした。

もうひとつの発見は、田舎には仕事がないと聞いていたけれど、じつはビジネスチャンスに満ち溢れているということです。当初は「採用のために場所を貸してもらう」感覚だったけれど、田舎に出ていくこと自体が会社にとってメリットになるという事実に気がついた。これは大発見でした。

少子高齢化、買い物難民、後継者不足、限界集落、学校消滅、産業衰退……。過疎地は課題だらけです。でも、よく考えると、それを解決することがビジネスになる。そのことに、進出企業も徐々に気づいてきました。

実際、初期に進出したのは、社長がマリンスポーツをやる会社が多かったのです。サテライトオフィスを出す前から美波町に通っていたけれど、そこにオフィスを作れば、家族や社員に言い訳もたつ（こうした「素敵な公私混同」はどんどんやるべきだと思います）。サイファーだって同様です。

ところが最近は、「生きている実感をもてるから」とか「ビジネスチャンスがあるから」といった理由でサテライトオフィスを出す会社が増えてきたのです。進出したあとで「へえー。ここってサーフィンで有名なんだ。俺もやってみようかな」という人が出てきた。順番が逆になりました。

美波町に進出した会社の話を聞くと、「〝ちょうさ〟を担ぎたかった」という理由も大きいようです。太鼓屋台の〝ちょうさ〟は、日和佐の八つの集落にしかありません。最初から地域の担い手になることを考えている企業が増えたのは、嬉しいかぎりです。

私自身、美波町を見る目が当初とはまったく変わりました。採用難という東京の課題を過疎地が解決してくれました。今度は過疎地の課題を私たちが解決する番です。過疎地で働くことで、大きな質的変化が起きた。進出するまでは自然しか見ていなかったのに、進出後は地域を意識し始めた。次のステージに進んだわけです。

地域を盛り上げ、より多くの企業を誘致するために、私は〈あわえ〉という新会社を設立するのですが、それについては次章で説明するとして、本章の最後に、「過疎地はビジネスチャンスに満ちている」とはどういうことか、説明しておきましょう。

リアリティのある課題が見つかる

じつは私は東京にいた頃、リアリティのある課題をなかなか見つけられずにいました。例えば東京にオリンピックが来ると聞いても、サイファーという会社がどう関わればいいのか、まったく思いつけなかった。

ところが、美波町に来て、土地の人から直接相談される地域の課題は、どれも身近でリアリティがある。自分自身の生活とも直結しているので、仕事と生活を切り離さずに発想できるのです。しかも、次から次から、いくらでも出てくる。地方に仕事がないなんて、いったい誰が言ったのでしょうか？

２０１８年７月現在、徳島県全体で12市町村に62社がサテライトオフィスをかまえています。最初期に進出した私としては、もう隔世の感があります。いちばん多いのが美波町の17社で、ＩＴ系の企業が多い。２番目に多いのは神山町の16社で、こちらは映像作家やデザイナーなどクリエイター系の会社が多い。

過疎地で起きる問題の多くは、人口が減ったことに起因しています。だとすれば、人がやっていた仕事を、機械にやってもらえばいい。まさにＩＴの得意分野で、ＩＴ系企業の多い美波町の強みが発揮できるわけです。

サイファーでは毎年、他の美波町進出のＩＴ企業と、学生インターンを実施しています。美波町の課題を、ＩＴ技術を使って解決するのがテーマです。

例えば、学生と地域住民の意見交換会で、「単身高齢者だと、家族や周りの住民でもなかなか見守ることが難しい、離れて住んでいる家族にとって、自分の親が今日も元気にやっているか、確認する手段が欲しい」という話が出ました。

そこで生まれたアイデアが、高齢者見守りシステム「みながめ」。ウミガメのぬいぐるみ（美波町はウミガメの町ですから）に、触覚、音声、温度センサー、小型カメラを搭載し、一人暮らしの高齢者に配布する。そこで取れたデータをネット経由で、家族がもつスマートフォンの専用アプリに送るという仕組みです。

高齢者がぬいぐるみに触れたり話しかけたりすることで、遠方の息子や娘はスマホを見るだけで親の無事を確認できる。また熱中症になりやすいと言われる29度以上の室温になると、ぬいぐるみが手を振ったり鳴くことで、高齢者に注意を喚起します。

また災害関連の課題解決にも取り組みました。美波町は南海トラフ巨大地震による津波被害が想定される地域です。避難所は整備されているので、地震発生時に自宅にいた場合はそこに逃げることができます。しかし外出中に地震に遭遇した場合、「どこへ逃げたらええかわからん」という声があった。

そこでできたのが「ヒナンロおへんろ」というスマホのアプリ。自分の位置情報をもとに、最寄りの避難所を探し出し、そこへの最短経路と移動時間を表示する。津波到達時間と移動時間を比較することで、津波からの避難の疑似体験もできます。

これらはほんの一例で、ＩＴでカバーできる課題はまだまだ無数にあると思います。

電脳トレイルラン

地域経済を元気にするために、観光客を集めてお金を落としてもらいたい。でも、イベントを打とうにもスタッフが足りない――。そんな声を全国で耳にします。ボランティア・スタッフの数に限りがあるからです。

例えば美波町はサーフィンだけでなくトライアスロンでも有名です。２０２１年のワールドマスターズゲームズ（おおむね30歳以上の国際競技大会）は関西でおこなわれますが、トライアスロンとアクアスロン（トライアスロンから自転車ロードレースを抜いたもの）の２競技は、美波町が会場に指定されています。ここまで大きな大会でなくても、「ひわさうみがめトライアスロン」など、大会は毎年開催されています。

ところが、大会を維持するのが大変なのです。町役場の職員が総出で、さらにボランティアに手伝ってもらってなんとかやっています。職員だって、週末ごとに何かのイベントに駆り出されている状態は負荷が大きすぎます。

だとすれば、辻々にスタッフが立って選手の様子をチェックするやり方を変えるしかない。目視確認ではなく、スマホでやるようにすればいい。選手に小さなタグをつけてもらえば、いまどこを走っているのか、何か問題が起きていないか、スマホで一目瞭然。山間地の電波が届きにくいところは中継器を置くだけでいい。問題が起きたときに、待機している職員が駆けつける形に変えるのです。

このシステムを実際に開発したのは、2017年にサテライトオフィスを出したイーツリーズ・ジャパン。社長の船田悟史さんは、自身がトライアスロンのアスリート。住民票まで美波町に移してしまったぐらいです（東京都八王子市に本社がある会社ですが、この社長はひょっとすると私より長い時間、美波町に滞在しています）。

こうした技術が進歩すれば、今年はどうしても参加できないけれど、東京のフィットネスセンターで同時刻に走って、タイムを競うなんてことも可能になります。バーチャル参加です。そういう意味で伸びしろも大きい。

このアイデアがいいのは、観光客を増やせるからです。従来の応援では、一瞬しか姿を見られないお父さんのために大阪から駆けつけ、いつ現れるかと、延々と待ち続けた。でも、そんな効率の悪いことでは、家族もだんだん応援に来なくなります。

選手がタグをつけることで、いまどこを走っているかスマホでわかれば、家族は空いた時間を観光にあてられる。古民家を改修したお洒落なカフェで涼んでもいいし、藍染《あいぞ》めの体験教室に行ってもいい。

運営上、選手の数を増やすには限界があります。一方、応援しにきてくれる観光客の数は無限に増やせる。そして、地域にお金を落とすのは、選手よりも、むしろ応援しにくる観光客のほうなのです。

豊かな自然を有効活用したスポーツ・アクティビティ型の観光は、これまで物理的制約があって全面展開とはいかなかった。主催者側の負担が大きかったからです。ＩＴでもってその制約を外してやれば、これからはいくらでも可能になる。

もちろん、技術開発をするＩＴ企業にとってはビジネスチャンスですし、地元の観光業者にとってもビジネスチャンスになります。田舎でしかできない大会ですから、ライバルは少ない。ここでしか味わえないスポーツ大会になります。

中小企業のほうが活躍できる

「そんなに有望なジャンルなら、みんなやりたがるだろう。大企業が参入してきたら、サイファーなんか一発で吹き飛ばされるんじゃないか？」

そう思われた読者がいるかもしれません。

でも、大企業は過疎地になかなか入ってこれないと思います。ひとつひとつの問題が非常に小さいからです。過疎地でビジネスをするとき有望なのは、むしろ小回りが利く中小企業のほうなのです。

例えば、全国的にインフラの老朽化が問題になっています。チェックすべき箇所が多すぎて、人手では追いつかない。そこでサイファーは美波町の委託を受けて、ガードレールやカーブミラーなどの管理がタブレット上でできるサービスを始めています。IoT技術を使えば、どの場所のガードレールに問題が起きているか、すぐわかる。水道など、似たようなニーズはいろいろあるはずです。

こうしたものは小さな仕事で、大企業がわざわざ受注する規模ではありません。彼らが参入するとしたら、例えば美波町役場の基幹システムをすべて入れ替えるとか、それぐらいのレベルでないと難しいのです。

たしかに、過疎地にあるひとつひとつのビジネスは小さいのです。でも、同じ問題を、全国の多くの自治体が抱えている。2016年時点で、市が791、特別区が23、町が744、村が183。合計で1741もの自治体に、似たようなニーズがあるということです。ひとつひとつの規模は小さくても、総数が大きい。美波町で作ったビジネスモデルを他所へもっていけば、チャンスは広がっていく。

人口が減ればニーズも減ります。しかし、そう簡単に減らせない社会サービスもある。「もう水道はいらないです」と言う人はいないし、「葬儀場・火葬場が赤字なら潰してください。土葬でいいです」なんて言う人もいません。「行政も大変でしょうから、明日からゴミ回収はやめてもらって結構です」と言う人もいない。

人口が減っても、最後の一人になるまで最小限の社会インフラは維持する必要がある。求められる社会サービスが徐々に減るのに対して、それを支える担い手のほうは急激に減る。そのギャップにビジネスチャンスがあるのです。

これまで私たちが展開してきたのは、人口が増えることを前提にしたビジネスです。人口が減ることを前提にしたビジネスはまだまだ確立されていない。まさにブルーオーシャン（未開拓で無限に広がる可能性を秘めた未知の市場空間）だと言えます。

いま美波町で起きていることは、日本全国の過疎地で起きています。地方都市でも起きつつあるでしょう。それはいずれ大都会でも起きるし、海外でも起きる。美波町で問題解決のビジネスモデルを作り上げれば、世界に売れる。過疎地を「これから起きる課題の先進地」ととらえ直せば、打ち捨てるべき場所でなく、ビジネスチャンスを求める人が殺到するような場所に変わりうる。

地域の問題が解決されて、進出した会社も儲かる。過疎地に仕事があるとわかれば、さらに移り住む若者が増える。そういう好循環を作ることが、私の大きなテーマになりました。田舎のいい部分だけを消費するのではなく、生活の場・仕事の場として再生させる。田舎にいっそう寄りそうために、地域課題を解決する。しかも、ボランティア活動ではなく、持続性あるビジネスの形で。

第4章　「にぎやかな過疎」の町

変化の先頭に立つだけだ

変化はコントロールできない。できるのは、変化の先頭に立つことだけである（ピーター・ドラッカー）。

私の大好きな言葉です。

日本の人口は約1億2700万人。これが2045年には約1億600万人まで減ると言われています。この試算が正確かどうかはともかく、しばらく人口が減り続けることだけは確実です。その事実そのものは変えようがない。いまから大急ぎで子供をたくさん作ったとしても、人口増加に転じるには時間がかかるのですから。

いま人口が増えているのは東京・埼玉・千葉・神奈川の首都圏、ほかは沖縄、愛知、福岡だけですが、それだっていずれ減少に転じる。過疎地はいまよりさらに過疎化します。人口が減ること（＝変化）はもう動かせないのだから、それを大前提として、その変化の先頭に立とう。それがいま私の考えていることです。サーフィンのように波頭に立って、前へ進む。

大都会のサラリーマンは通勤にエネルギーを吸いとられ、週末にしか遊べない。しかし、人口減少時代には平日も遊ぶようにしないと、関連産業が衰退します。平日も遊べるサテライトオフィスは、変化の先頭に立っているわけです。

人口が減るぶん、かつてのような役割分担は不可能になる。一人で何役もこなすのが当たり前になるでしょう。仕事をやりつつ、さまざまな「つとめ」を果たす。マルチXな生き方だって、変化の先頭にいるといえます。

こう考えると、私が美波町で見聞きしたものは、ずいぶん変化の先頭にある気がします。田舎は遅れているとイメージされがちですが、一周回って先頭に立っている。いま日本の過疎地で起こっていることは、いずれ地方都市で、そして大都市で、さらに世界でも起こる。変化を最初に体感できる場所ともいえるのです。

かつて「タイムマシン経営」なる言葉がありました。IT産業の最先端であるアメリカ・シリコンバレーで盛り上がっているビジネスをそのまま日本にもち込めば、大儲けができる。なぜなら、変化の先頭にあるシリコンバレーの動きは、遅かれ早かれ日本にも波及するからです。

その伝《でん》でいけば、もし過疎地で課題の解決策を見つけられたら、いずれ大都市にも世界にも売ることができる。これも一種のタイムマシン経営なのです。

日本はいま大いなる撤退戦のさなかにある、と私は考えています。問題は、撤退作戦の絵が十分に描けていないことです。人口減少が安定期に入るまで、どうやって働き、どうやって遊び、どうやって社会を維持するのか。そのデザインを描きたい。しがない零細企業の社長にすぎなかった私が、いつしかそんなことを考えるようになりました。

CSRでは持続性に欠ける

2013年6月。サイファー・テックの本社を美波ラボへ移した翌月に、私は〈あわえ〉という会社を美波町で立ち上げました。サイファーとは資本関係がなく、私が全額出資した新会社で、地域課題を解決するための会社です。あわえというのは、日和佐で「裏路地」を意味する言葉です。

ボランティア的組織にするべきだというアドバイスももらったのですが、株式会社にしました。もはや過疎地の問題は一過性のボランティアでなんとかなる次元ではない。ビジネスとして利益の出る組織にし、その結果としていい人材が集まり、だからさらに儲かるようになり、その結果、さらに優秀なプロフェッショナルが集まり……と、好循環を作り上げて、持続的に取り組む必要があると考えたのです。

私たちの次に美波町へサテライトオフィスを出したのは、2013年9月の鈴木商店。つまり、この段階では、まだサイファーしか進出していなかった。いまでこそ17社もが進出していますが、このときはまだそんなことは予想できなかった。それでも「私たちの経験が誰かの役に立つ」と考えたのには、理由があります。

まず、私たちが美波町に行くことで、お金もかけずに採用問題を解決できたのは、野球のバッティングでいえば「芯を食った」感覚があった。絶対にほかの企業の参考になるし、ひいては地域のためにもなると確信があったのです。

私たちが美波町へ進出した目的は、採用の問題を解決すること。その目的は達したわけですから、ここで終わってもよかった。なのに「もっとサテライトオフィスを増やすべきだ」と考えたのは、悩める中小企業にも、悩める地方自治体にも、それが望ましいと思ったからなのです。

別会社を作らざるを得ない面もありました。サテライトオフィスが珍しかったこともあり、取材や視察が殺到しましたが、当初は美波ラボの社員が対応していた。本業が手につかない事態となり、現場から悲鳴が上がったのです。

もちろん、サイファーの中にCSR（企業の社会的責任）を担当する部署を作って、そこでやるという手はあり得たでしょう。でも、すぐ利益の出る話ではないので、中小企業には荷が重い。それにCSRでやると、本業の業績がいいときはバンバンやるのに、業績が悪いときは放置、みたいなことになりかねない。片手間ではなく、本気で取り組みたかったのです。

山下拓未君と出会ったことも大きかった。神奈川県出身の元デザイナーです。神山町に進出した会社のプロジェクトリーダーでした。東日本大震災が起こるまでは、伊豆にサテライトオフィスを作り、NPO法人を運営した経験ももっている。「都会では実現できない新しい働き方が、地方では可能になるんじゃないか？」という問題意識をもち続けてきた人なのです。

過疎地の課題を解決する会社を作ろうと思っていると話したら、意気投合して、「ぜひ僕がやりたい」と言うので、神山町から美波町へ移ってもらうことになりました。同じ志をもった協力者を得たことで、〈あわえ〉の計画は大きく前進しました。

こうして立ち上げた〈あわえ〉は、人も増え、現在は全7名。美波のサイファー本社を上回るほどの規模になっています。

古銭湯をお洒落に改修した理由

〈あわえ〉のオフィスは日和佐の中心街にあります。築110年の銭湯「初音湯」をリニューアルしました。

日和佐はもともと漁師や海運業者の町ですから、朝も夜も早かったのです。夕方になれば銭湯に入って、日が暮れたら一杯やって寝る。銭湯は社交場の役割を果たしていたので、かつては小さな日和佐の町に5軒もの銭湯がありました。いまはひとつも営業していません。初音湯も1990年に廃業しました。その建物を私たちが使わせていただくことになりました。

ここは〈あわえ〉の本社でありつつ、地域のコミュニティセンターとしても使いたい。また、新しい働き方のショールームとして、視察が来ることも考えられる。サテライトオフィスを作ろうか迷っている若い人たちが見たときに、「格好いいオフィスだなあ。こんな感じで働けるんだったら、田舎暮らしもいいかな」と思わせないといけない。そこで、東京のデザイナーに頼んで、お洒落な感じに仕上げました。

施工は地元の業者さんに頼みますが、やはり都会の人を満足させるデザインとなると、田舎の工務店ではなかなか難しい。そもそもオフィスがほとんど存在しない町なので、イメージも湧きにくいのだと思います。

美波ラボの改修は地元の建築事務所に頼みましたが、目的が違うこともあり、〈あわえ〉本社は東京のデザイナーに頼むしかなかった。

古いものは極力、昔のまま残しています。オーナーさんが凝り性だったので、手すきのステンドグラスがあったり、京都の銭湯で使われていた木の下駄箱があったり。番台や湯船もそのまま残す形でオフィスにしました。骨董品マニアが「売ってくれ」とやってきたり、建

〈あわえ〉外観

〈あわえ〉オフィス

築雑誌が「写真を撮らせてください」とやってきたり、本業以外の部分でも注目を浴びる建物になりました。

ポイントは人材の確保

過疎地では三つの問題が続いてきたと、私は認識しています。人の流出、富の流出、情報格差の存在です。インターネットの普及により、大都会と地方の情報格差はかつてほどではなくなりましたが、流通している情報量では比較にならない格差がある。

三つの問題の根っこにあるのは、やはり人だと思います。人材が集まれば、価値や富を生み出せるし、情報格差の問題にも取り組んでくれるでしょう。だから、〈あわえ〉が取り組む最優先事項を、地域の再構築に貢献できる担い手を増やすことに定めました。

人の確保といっても2種類あります。まずは、すでにスキルをもっているビジネスパーソンたちを、美波町へ誘致すること。要はサテライトオフィスの仲間を増やすのです。移住者の受け入れでつねに問題になるのは「彼らの働く場をどう用意するか」ですが、彼らは仕事と一緒に移住してくれます。

もうひとつは、都会から移り住む若者に地方で必要とされるスキルや思考を身につけてもらうこと。

まずはサテライトオフィスの話からしましょう。企業誘致というのは、本来なら行政がやるべき仕事なのかもしれません。でも、彼らも人手が足りないし、苦手な分野もあるから、そこは協力してやっていけばいい。

では、どんな会社を呼ぶべきか？　私たちはベンチャー企業に的を絞りました。つまりベンチャーマインドのある人を呼び込むのです。

従来の発想だと、田舎には仕事がないから若者が出ていってしまう↓田舎に職場があれば出ていかない↓雇用力のある企業＝工場を誘致しよう――。そう考えるのが普通だったと思います。

しかし、美波町の場合、１０００年に一度の大津波が来れば水没する可能性が高い。そんな土地に、なかなか工場は来てくれません。巨大な工場を作る平地も少ないですし。仮に来てくれたとしても、そこで工員として働くのは、主に地元の人です。これでは、地方を活性化する新しい発想が生まれにくい。外の血を入れて「掛け算」を起こすことこそ、地域再生のポイントだと思うだけに、その展開は避けたい。

一方、ベンチャー企業は若い人が多いので、それだけで地域がにぎやかになる。また柔らかい感性をもっているので、その土地に合ったビジネスを始めてくれる可能性もある。既存の事業は続けつつ、美波町の課題を解決するための新ビジネスが生まれるかもしれない。その延長線上に地元の雇用が生まれたら理想的です。

前章で見たように、地方の課題を解決するビジネスは、むしろ中小企業に向いている。だから大企業ではなく、ベンチャー企業に絞り込んだわけです。

地域との「掛け算」を求めている

特にＩＴ系のベンチャーは過疎地と親和性が高いと思います。

例えば、非常に珍しい魚を漁師さんがくれたとする。彼らは「面白いからＳＮＳで紹介しよう」とか「ネット販売したらどうかな」と発想するので、掛け算が起こる可能性がある。フットワークが軽いのです。重厚長大産業の人たちと違い、成功するか失敗するかを考えすぎず、まずはやってみる文化がある。

ＩＴ系のベンチャーは、アイデアの引き出しが豊富ということもあります。生産設備をもたなくても、実現するすべを知っている。

例えば、美波町の商店街がチラシを作りたいとする。これまでなら徳島市の印刷屋さんに頼んでいたところですが、時間がかかった。ＩＴ系の人なら、デザインも印刷もネットで頼んでしまい、より高品質で、より値段も安い方法を見つけてくるでしょう。時間だって従来より短縮されるはずです。彼らは印刷の専門家でもなんでもないのに、最適解を見つけるノウハウをもっています。

私が移住者に求めるのは、こうした掛け算なのです。彼らが来ることによって、これまでなかったものが地元に生まれる。移住者と地元の人がバラバラに暮らしているのでは、例のシニアタウンと変わりません。美波町をサテライトオフィスの町に変えるなら、両者がつねに刺激を与え合う環境にしたい。

ベンチャー企業に若者が多いことは、なんといっても魅力的です。若者が数人入るだけで集落の雰囲気がガラッと変わる。前章で見たように、彼らが「つとめ」を果たせば地域に活気が出てきます。

もちろん、サテライトオフィスが増えることによる波及効果は、まだまだいっぱいあるのです。

まず、田舎にはそもそもオフィスビルのようなものがありませんから、それを用意する必要があります。工場の場合、地域の事情とは無関係に巨大な建物を建設することになる。一方、小規模なベンチャー企業であれば、民家を改修するだけでオフィスになり得るので、空き家問題の解決にもつながる。古民家の改修は最近人気ですし。

こうしたリノベーション需要が増えれば、設計事務所やデザイン会社を呼び寄せる効果もあるでしょう。

さらに、都会から来た若者が増えれば、彼らを満足させるレストランやカフェも必要になってきます。例えばオーガニック野菜が求められるようになれば、地元の農業にも影響を与える。何重にも掛け算が起こっていくのです。

まずは2週間、試してください

ちなみに、サテライトオフィスを作るとき、最初にやることは挨拶回りです。美波ラボをオープンするときも、田井地区の集落を一軒一軒訪ねました。みなさんをお招きして酒宴を開くこともありました。

地元のおじいちゃんおばあちゃんで、ＩＴ企業なるものがどんな仕事をするのか、正確に理解している人はほぼいません。でも、日々の付き合いのなかで「ＩＴにはええやつが多い」というイメージができあがっていきました。いまや徳島県のどこの集落もサテライトオフィスに来てもらいたがっている。

一方、企業から美波町進出の相談があった場合、「まずは2週間、ここで仕事をしてみてください」とお願いしています。幹部だけでもいいので実際に仕事をしてみてほしい。ホテルに泊まって美しい自然を見るだけで「ここで働きたい」と決めるのでは、失敗しかねない。

漁師さんが「ええカツオが釣れたで」と業務時間中にもってきたとき、それに向き合う余裕のない会社は、田舎で仕事することに向いていない。そういう「田舎のリアル」を体感してから、進出するかどうかを決めてほしいのです。

そこでサテライトオフィスが体験できる施設「戎邸《えびすてい》」を作りました。空き家をリノベーションした一軒家で、もちろん通信インフラは完備。宿泊施設やキッチンもあるので、美波でのサテライトオフィスワークがいかなるものかイメージできます。

楽しむのに理屈はいらんやろ？

徳島県は宿泊者ベースの観光客が日本一少ない県です。徳島県人の中には「ここは47県目に来る土地だ」と自嘲気味に話す人もいます。

そのなかで美波町は移住者が比較的多い土地でした。サーフィンをやりたい人とか、老後を暖かい土地で過ごしたい人たちが、細々ながらも移住してきた。そこに、田舎なら自分らしい生き方ができるとか、田舎にこそビジネスチャンスがあるという、これまでにない発想の移住者が加わったのが、最近の変化だといえます。

日和佐には薬王寺という四国八十八ヵ所の23番札所があります。参拝客数でいうと札所のなかでトップクラスのお寺です。ここには、つねにお遍路さんがやってきました。外からやってくる人を寛容にもてなす文化があるのです。お遍路さんが困っていたら、お米をあげたり、ミカンをあげたり。自然とそういう行動に出ます。

徳島県庁の職員から、大変面白い話を聞いたことがあります。同じ徳島県でも、八十八ヵ所の霊場がある地域と、霊場がない地域では、移住者に対する対応に温度差があるのだそうです。

他所からやってくる人を特別扱いしない。自然に付き合う。かまいすぎない。実はこれ、地方に人を呼び寄せるとき、ものすごく重要なことなのです。地域が移住者をかまいすぎてダメになるケースが少なくないからです。

移住先を探し歩いた人に聞くと、「いつ住民票を移すんだ」としつこく尋ねられたり、女性であれば「早く嫁に来てくれ。ここには独身の男がたくさんいるぞ」と言われたりするケースが少なくない。他意のない田舎のコミュニケーションではあるのでしょうが、言われるほうからすると、ときにものすごくプレッシャーを受けます。

一方、美波町では、ほとんどそういう話を聞きません。「言わないように気をつけている」のではなく、そういう感覚がないのです。楽しいことがあるから、一緒に楽しもう。ここに住むとか住まないとかはどうでもいい。祭りに来てくれたら、それでいい。そんな感覚のほうが強いのです。

春はカツオがうまいから来い。夏はアワビがうまい。秋は日和佐の〝ちょうさ〟の祭りやけど、その翌週には田井の八坂神社でもみこしが出る。帰ったら交通費がもったいないから、翌週までここにおれ。秋になったらアオリイカがうまいし、伊勢海老も食わせたる。冬の魚はウツボや。ウツボは干物がいちばんうまい。干物の王様や。冬の山ではイノシシやシカもとれる。イノシシやシカをさばかせたら、わいらはもうプロ級や……。

漁師さんから次から次へとお誘いが入って「いったい、いつ東京に帰ったらいいの？」という事態になる（これは実体験です）。

私は長渕剛が大好きで、親しくなると、その歌を聞かせたいと思います。べつに自分の利益になる話じゃないのに、楽しいことを共有したい。これとまったく同じで、美波の人たちは楽しいことを一緒に楽しみたい。それだけなのです。「それ以上の理屈はいらんやろ？」という感覚です。

なんでこの魚を売らないの？

住吉二郎君が移住3年目で秋祭りの責任者を任された話はしました。ほかの地方だと珍しいのではないでしょうか？　手伝いはやらせるけれど、責任者にはなかなかならせないのが普通だと思います。美波町は他所者をすぐに受け入れる。「祭りは楽しい。だから一緒にやろうよ」という感覚なのです。

初めて来た人はだいたい驚きます。漁師さんたちと宴会をやったら立派なカツオが並んでいる。「この魚を売ったら高い値がつくはずなのに、どうして僕たちに食べさせてくれるんですか？」「この飲み会のお金って、どこから出てるんですか」「なんでここまで歓待してくれるんですか？」と。

でも、土地の人の感覚からすれば、「うまいもんがあるから、一緒に食おうよ」に尽きるのです。それ以上でも以下でもない。

やはり、豊かな土地だから、奪い合う感覚がないのだと思います。海に潜れば、いくらでも魚がとれる。雨が多いから、種をまけば作物が育つ。奪い合う必要がないので分かち合い、誰ともすぐ「仲間」になれる。

特に県南には、根っからの享楽人が多い。おおらかで楽観的。「べつに移住せんでもええよ。そのかわり、こっちへ遊びにくるときは、絶対に連絡してや。約束やで」ぐらいの距離感なのです。「いつ嫁に来てくれる？」なんて言わない。

そういう相手を縛りつけないところが、他所者にとっては居心地がいい。最初は視察で来て、気に入ったので２回目はプライベートで来る人がすごく多い。ほかの地域の話を聞いても、視察で美波町ファンになる人の割合は多いと思います。

じつは、こういう「ゆるさ」が、企業誘致にとって非常に重要なのです。

私自身にも同じDNAが流れています。美波町に17社が進出しているといっても、企業デザインを手がける兵頭デザイン、ベンチャー企業向けのオフィスサービスのヒトカラメディア、IoTに強いイーツリーズ・ジャパンなどは、社長と私が友達で、「いいところだから、一回遊びにおいでよ」から始まっています。遊びにきた結果、美波町を気に入って、サテライトオフィスを作ることになりました。

最初から誘致を意識しすぎない。気に入ったらサテライトオフィスを作ってもいいし、べつに作らなくても、今回の旅を楽しんでくれたら、それでいい。美波町の素晴らしさを知ってくれるだけで満足だ――。押しつけがましさのないことが、進出企業が増えた背景にあるのではないかと分析しています。

こういう住民特性があったから、美波町が成功したところはあると思います。ゼロからイチを起こすのは、ここでしかできなかった面もある。でも、再現性を担保する仕組みを作れば、1をnにしていくのは、他の自治体でもできる。〈あわえ〉では、そうした処方箋を全国に売りたいのです。

海運業の町

由岐町と日和佐町が合併してできたのが美波町ですが、サテライトオフィスのほとんどが日和佐に集中しています。ここで少し日和佐の解説をしておきましょう。

歴史的に見ると、日和佐はふたつの顔をもった町です。ひとつは、薬王寺を中心とする門前町。もうひとつは、日和佐川の河口に発展した港町。

薬王寺は徳島県最後の札所で、次の札所は高知県の24番札所「最御崎寺《ほつみさきじ》」。薬王寺と最御崎寺のあいだはかなり距離があり、四国八十八ヵ所の難所のひとつと言われています。難所を前にしばらく体を休めたり、旅の準備をするのが日和佐だったわけです。

ただし、薬王寺の前に国道が通ったのは戦後のこと。昔のお遍路さんのメインは船旅で、日和佐港に上陸したあと、そこから歩いて薬王寺に向かった。私の父が子供の時代でもまだ、お遍路さんが港で船を降り、大挙して薬王寺に向かう姿が見られたそうです。つまり、お遍路さんが長逗留する船宿も、港を中心に発展していった。門前町よりは、港町のほうがにぎやかだったのです。

江戸時代の日和佐は、漁業はもちろん、海運業でも栄えました。県南の山にはウバメガシなど照葉樹がたくさん生えています。和歌山県ではウバメガシを備長炭にしますが、日和佐ではそのまま薪として大坂に運び込んだ。林業で大儲けした人も多いし、それを船で運んで大儲けした人も多い。阿波国の長者番付に載るような廻船業者が、江戸時代の日和佐にはたくさんいたそうです。

大坂にのぼった船は、帰りには上方の文化を運んできます。〝ちょうさ〟祭りも、もともとは堺の祭りだったものを阿波へもち込んだもので、堺の職人を連れてきて、太鼓屋台を作らせたのだそうです。

阿波は漁業技術の先進地で「阿波釣法《あわちょうほう》」という言葉があるぐらいです。特に磯釣りの技術が進んでいて、いまでも全国のグレ釣り選手権で優勝するのは徳島県の人がほとんどなぐらいです。釣り道具に費やす金額が全国一であることでわかるように、釣りが盛んな土地なのです。

船団を組んで沖に出る漁業も発達していたので、いまの長崎県や千葉県に進出して漁をしたり、技術指導にあたる日和佐人も多くいました。漫画家の蛭子能収《えびすよしかず》さんのご先祖も、長崎に行った船団の乗り子だったそうで、もともとは美波町の出身です。

そういう意味で、日和佐は田舎とはいっても、内陸部の農村とはちょっと性格が違う。お遍路さんという他所者を受け入れるし、自分自身が外に出ていく。当然、オープンな気質が育ちます。サテライトオフィスの実験をやるうえで、最適の場所ではなかったか、といまにして思います。

漁師のコミュニケーション能力

日和佐が海の町だということが、サテライトオフィスの成功に与えている影響は小さくないと思います。

私が生まれ育ったのは薬王寺の門前町につらなる商店街。子供の頃、日常的に漁師さんと付き合う機会はそうありませんでした。

大人になって美波ラボを作ったあと、移住者が漁師さんの集落にしか空き家を見つけられなかった場合など、最初は怖がるので、ずいぶん心配したものです。ところが、しばらくすると、誰も彼もが「漁師町にしてよかった」と考えを変える。私も漁師さんに詳しいわけではないので、どういうことかと思いました。

声も大きいし、日焼けしていて迫力もある。いきなり魚をもって玄関に入ってきたりする。都会育ちの若者は、最初は面食らう。でも、慣れてしまえば、いかに自分を歓迎してもてなしてくれているかがわかるといいます。

〈あわえ〉の山下拓未君は恵比須浜という30世帯ほどの漁師町に住んでいますが、彼がいつも言うのは「漁師さんはとにかくコミュニケーションのスキルが高い」ということ。海に出ると、隣の漁船とは獲物を奪い合うライバルです。でも、緊急時などは協力しなければなりません。気の合わない相手とも、ときに手を組む必要がある。関係をギスギスさせず、それでいて自分の利益は守る。だからコミュニケーションの能力が磨かれていく。

毎年、ゴールデンウィークの頃は「もじゃこ漁」といって、ブリの稚魚の漁があります。藻にくっついて黒潮を流れてくるブリのジャコを網で取り、ある程度養殖したあと、養殖業者に売るのです。当たれば一日に何百万円という漁で、漁師さんたちはしのぎを削る。朝4時に漁港に集まって漁場を決めたりするのですが、おだやかながらも独特の間合いがあって、決して部外者が口をはさめる雰囲気ではないそうです。

沖に出てカツオやマグロをとる場合も同じです。こうした魚は群れで回遊していますから、いない場所には1匹もいません。そこで、最初にカツオを発見した船が、仲間の船に教えるルールになっている。でも、いつ連絡するのがベストなのか？　釣れた瞬間に連絡すれば信頼を得るでしょうが、自分のメリットがない。かといって自分がさんざん釣ったあとで連絡すれば、信頼を失って、誰かが見つけたときに連絡をもらえなくなる。微妙なタイミングを見極める必要があります。

まずは親しい漁師だけに連絡するとか、無線だと全漁師にバレるのでＬＩＮＥでやり取りするとか、さまざまな駆け引きがある。ライバルであり、仲間でもある。そんな関係性のなかでコミュニケーション能力が磨かれていくのです。

なぜダイビングが始まったのか

移住してきた若者の多くが、漁師さんたちの話に魅了されます。引き出しの多さがハンパじゃないのです。例えば、大地震が来るときはイカが大漁になるという言い伝えがあるそうです。「阪神・淡路大震災のときもよう釣れたけど、いまはぼちぼちやから、南海トラフはまだ先や」とか。

ウミガメは5月末から7月中旬まで、日和佐の大浜海岸で産卵します。産卵する場所が年によって違い、その場所を見れば、その年の台風が予想できる。台風がよく来る年は、波をかぶらないよう、なるべく海から離れた場所に産むのだとか。私も、漁師さんと付き合うようになって初めて知ることばかりです。

サテライトオフィスで働く若者のなかには、漁の手伝いをする人もいます。高齢化が進み、漁を続けられないような家もありますから、地元の人も大喜びです。お互い面倒を見合う形で、信頼関係も育っていくのです。

じつは、マリンスポーツで有名な場所でありながら、日和佐ではダイビングがおこなわれていませんでした。昔はウェットスーツにアクアラングをつけて伊勢海老やアワビを密漁する人がいて、かなり揉めたらしいのです。本人は「ダイビングに来ているだけだ」と言い張るケースが多いので、漁業組合がダイビングを全面的に禁止してしまいました。

しかし、2015年からダイビングのサービスが始まりました。他県出身の若い子たちが、日和佐に「海達《うみたつ》」というダイビングショップを開き、漁師さんを口説き落としたのです。

漁師さんとしても、ダイビングスポットまで船を出せば、それでフィーが稼げる。お互いにメリットがあるのです。これまでなかったのは信頼関係だけでした。移住者が信頼を勝ち取って、新しいビジネスが生まれる典型例だと思います。

地方によっては土建業が最大の産業だったりして、自然を保護したい移住者と真っ向から対立することがあります。でも、美波町にはそうした対立軸がない。海の環境を守りたいという気持ちは、漁師もダイバーも同じです。同じ方向を向いているから、誤解を解くだけで前に進めたのだと思います。

台風の通り道が変わった

2012年初頭に視察に来たとき、ショックを受けたのが空き家の多さでした。もちろん、それまでも毎年一度は帰省していたのです。でも実家に帰るだけですから、不動産を見る経験がなかった。ここまで人が減っていたのかと愕然としました。

私は1971年生まれですが、その頃、日和佐町と由岐町の人口は合わせて1万3000人ぐらいいました。現在は7000人を切っています。45年かけて約半分になりました。高齢者が多い町なので、今後も減少スピードは増すでしょう。2012年にNHKテレビで美波ラボが取り上げられたとき、「人口は7800人」と紹介されています。このビデオを見るたびに「5年間で1割以上減ったのか」と愕然とする。

過疎化や少子高齢化の問題はもちろん知っていましたが、自分の故郷もここまで深刻な状況だと実感したのは、恥ずかしながら、美波ラボを作ったときでした。

徳島県の山奥に入っていくと、山肌にへばりつくように人が住んでいたりします。川に沿って棚田が開かれている。「なんで、こんな場所に家が？」という集落は、だいたい源平合戦に破れた平家の落人《おちうど》の里だと言われています。母の実家もそんな場所にありました（昭和の大合併で旧日和佐町に編入されましたが、むしろ旧由岐町に近い山奥です）。

私は自然が大好きな子供だったので、夏休みはだいたいここで過ごしました。裏山の竹やぶが美しく、本当に見事だった。ところが、空き家になってからは荒れ放題。タケノコをとらないので、竹に侵食され、暗い森になってしまった。

徳島県は竹でも有名で、地域によっては竹長者もたくさんいました。竹長者のあいだでは

「嫁をもらうときは、山の数を少なく伝えろ」と言われていたそうです。毎年3〜5月はタケノコをとって竹林を整備しないといけない。どんなにお金持ちでも、重労働を嫌がって嫁が来てくれないから、山の数を少なめに言えというわけです。

杉もそうです。杉長者もたくさんいましたが、いまや竹と並んで邪魔者でしかない。竹は山を荒らし、杉は花粉症を引き起こす。でも、採算が合わないので、誰も伐採しようとしない。どちらも一世を風靡《ふうび》した産業なのですが、見るも無残なことになっています。

空き家が増えて人間がいなくなったうえに、最近は田舎でも犬の放し飼いが許されない。そのせいで、母の実家のあたりでも、最近はイノシシ、シカ、サルがわがもの顔で闊歩《かっぽ》しています。

いま私は実家の2階に住んでいますが、父は長年、ここで金物屋を続けてきました。この商店街のさびれっぷりも、ひどいものです。商店街と言いつつ、商店がほとんど残っていない。最近、台風の被害が増えているのは、強い台風が増えているからではありません。「台風に負ける町」になってしまったからなのです。

父がよく言うのは、昔はギッシリ商店が並んでいたので、風は向かい合った商店のあいだをスーッと抜けていった。台風のときは強い風が抜けるので、道が真空状態のようになって、商店のシャッターが道側にグワーッと膨らんだと。

ところが、いまや空き家が出ると、壊して駐車場にしてしまう。歯の抜けた街並みになってしまったため、風の吹き方が変わった。それで、駐車場の横に残った家の瓦が吹き飛ばされたりする。昔はなかったことだそうです。

過疎が自然を変え、町を変え、災害の被害の様子まで変えてしまう。大都会に暮らしていては、なかなか実感できない状況だと思います。

地域の記憶を消すな

このままいけば、「地域の記憶」が消えてしまうのではないか？　そう感じていたところへ、もうひとつ気になることがありました。

人口7000人の美波町には600軒を超える空き家があります。社員の住宅探しでいくつもの空き家を回ったのですが、大半は荷物がそのまま残されていました。そのなかには昔の写真もたくさんありました。

写真をそのまま放置すれば経年劣化するし、津波で一気に消えてしまう可能性もある。いまのうちに「地域の記憶」を残す必要があるのではないか。そう考えて、〈あわえ〉を立ち上げた当初から地道に続けているサービスが「GOEN《ゴエン》」です。

その写真がいったいいつ、どこで撮影されたものなのか、特定する。そして、デジタル化して、地図情報のうえにマッピングしていく。写真は個人の思い出であるとともに、昔の風景や建物が写った地域の文化遺産でもあります。これは地域の再生にも役に立つと考えたのです。

問題は、写真の持ち主が亡くなっているケースのほうが多いこと。どこの何を撮影したものかがわからない。そこで、〈あわえ〉のオフィスへ地元の高齢者に集まってもらい、ヒントをいただく。

「〇〇さんが写ってるから、昭和50年より前だろう」

「この煙突は昭和40年頃に立ったから、それ以降しか考えられない」

「漁船の形から考えて、平成以降の写真やと思う」

1枚の写真をめぐって、ああでもない、こうでもないと話が盛り上がる。正直「1枚でこんなに時間をかけてたら、いつまでたっても終わらないんだけどなあ……」と思いつつ、嬉々として語るおじいちゃん、おばあちゃんを止められない。もちろん、最後までありがたく拝聴します。

移住者としては「そんなことまで知ってるのか」とリスペクトの念が湧く。当然、その気持ちが、私たちの言動に表れる。それが彼らを喜ばせるのだと思います。だから、ついつい盛り上がってしまう。

都会の人間は、田舎では高齢者の活躍する場がまだ残っているのではないか、と思い込んでいます。私自身がそうでした。でも、いまや良い糠床《ぬかどこ》をどう作るかとか、古くなった着物をどう仕立て直すかとか、そういう知恵やノウハウを教える時代ではありません。田舎ですら、高齢者が活躍する場が減っているのだと実感しました。

私たち自身がそうであるように、人の役に立ちたいという気持ちは高齢者ももっています。誰かから直接「ありがとう」と言ってもらえれば、生きている実感が湧く。でも、活躍の場が失われている。

当初は写真データを残すことが目的でした。「地域の記憶」を消してはいけないと。でも、やっているうち、高齢者の方々のお話を聞くこと自体が、地域を元気にすることにもつながるのだと学びました。

ちなみに、この「GOEN」サービスは川崎市の写真をアーカイブする取り組みでも採用されることが決まっています。次章で詳しくご紹介しますが、美波町で作った処方箋を他の自治体に売るところまでこぎつけたわけです。

田舎には仕事がない？

田舎には仕事がない――。誰も彼もがそう考えています。都会の人はもちろん、田舎に住んでいる人自身がそう考えている。

農家も漁師も観光業者も商店主も、意図的ではないにせよ、大人が子供に「ここには未来がない」ような刷り込みをしている。大半が「この仕事は儲からないので、子供に継がせたくない」と考えているのではないでしょうか。

私自身、父から「ここで商売するのは厳しい」と、繰り返し聞かされました。昭和40年代は本当に忙しかったのに、道路が整備されればされるほど、みんな町の外へ買い出しに行くようになった。日和佐で小売りはもう厳しいと。そういう話をずっと聞かされていたので、何の疑問もなく大学から外へ出ましたし、故郷で仕事をするなんて1ミリたりとも考えなかった。姉は横浜に住んでいますし、妹も徳島市にいます。

でも、田舎にも仕事はあるのです。たしかに人口が少ないというのは、消費者が少ないことを意味しています。都会とまったく同じように商売して、同じように利益を上げるのは難しい。でも、やりようはいくらでもある。

私が師匠と慕っている美波人の一人に浜口和弘さんがいます。映画『波乗りオフィスへようこそ』では宇崎竜童さんが演じている重要人物です。

浜口さんの家は田井地区で代々、造船業を続けてきました。かつては和船を作っていましたし、時代とともにＦＲＰ（繊維強化プラスティック）製の漁船を作るようになった。でも、FRPの船は頑丈で、エンジンさえ替えれば何十年ももつ。自分の首を絞めたような話ですが、漁師さんの数も減り、船を新造する人が減ってしまった。そこで浜口さんの代になり、さまざまなビジネスに手を広げていきます。

高齢化で廃業する漁師さんが増えているので、廃船業を始めた。さらに漁船を作る技術は究極の防水技術だということで、家の雨漏り対策の仕事も始めた。

プラスティック加工の技術を生かし、釣り具の製造も始めました。プロの漁師向けだから、かなり本格的な釣り具。いまや漁具メーカーが新商品を出すと、わざわざ美波町まで「浜口さん、これどう思いますか？」と意見を聞きにくるほどです。ネット販売もしています。

釣り具を作れば、自分で試してみたい。そこで漁協に加入して漁師にもなりました。釣ってきた魚を移住者たちにふるまってくれるのですが、浜口さんの作る干物がこれまで食べたことがないほどおいしい。「これは絶対、商売になりますよ」とはやしたてられ、干物の製造・販売も始めました。

いまや、名前がつけられるビジネスだけで七つも掛け持ちしている。「田舎はやることがたくさんある」というのが浜口さんの口癖ですが、仕事でもマルチXを目指せば、仕事はいくらでも見つかるのです。

田舎には仕事があるが、人がいない——。こっちのほうが私の実感です。大学を出て会社に勤めるような人は、ほぼ全員が地元を出てしまうのだから、当然です。地元の社長たちから電話がかかってくると、「また来たかぁ」と身構えます。だいたい「誰かいい人いないかな?」という相談なのですから。

そこで、〈あわえ〉では、雇う側の誘致だけでなく、雇われる側の誘致と育成の事業も始めました。都会から若者に移住してもらう。そして、地域の活性化に役立つスキルを身につけてもらう。その仕事についても説明しておきましょう。

クリエイターズスクール

ここまで読み進めていただいた読者のなかには「美波町ってなかなか良さそうなところだな。一回行ってみたいな」と思われた方がいるはずです。美波町に限らない話ですが、じっくり話を聞いてみれば、それぞれの地方に魅力がある。

私は、田舎に魅力がないのではなく、その魅力を十分に伝えきれていないだけだと考えています。〈あわえ〉を始めてからますます思うのですが、日本全国、魅力的な田舎だらけです。要は「発信力」が問われている。

そこで、地域の広報マンになれる人を育てようと、2014年から「クリエイターズスクール」という事業を始めました。半年から1年の間、美波町で暮らしてもらい、写真、動画、テキストなどの作成技術・編集技術を教えながら、ウェブや冊子などの媒体で発信できる人材を育てる。

講師は〈あわえ〉のスタッフや、他社のサテライトオフィスの社員が務めます。ときに東京から講師を招くこともある。いずれは民間広報マンとして行政から仕事をとれるような人材を育成するイメージです。

驚くべきは、その応募数。２０１４年度の1期生は、４人の定員に１７０人が応募してきました。２０１５年度の2期生は、13人の定員に80人の応募。２０１７年度の3期生は、16人の定員に92人の応募。２０１８年度の４期生は定員を３人に絞り込みましたが、そこに50人を超す応募がありました。

応募してきた人の9割が徳島県外の人。しかも、7割近くは20〜30代の女性です。まさに地方がのどから手が出るほど欲しがっている人材が集まってきました。地方課題に取り組みたい人がこんなに多いことに、私たちも驚きました。

まあ、給料をもらってスキルを身につけられるわけですから、お得感はあるのでしょう。初年度は厚労省の緊急雇用制度、2年目以降は同省の職業訓練の財源を使いました。国が職業訓練を〈あわえ〉に委託するスタイルです。

2期生・3期生は人数も多く、ウェブコースとデザインコースに分けて大々的にやりました。ただ、人数が多いと集中できない面もあるし、自分でお金を払って学ぶ人と比べると自覚に欠ける面もあります。

国からお金をもらって、そのうえ職業訓練も受けさせてもらう。こういう形がベストなのかは、私たちの中にも議論があります。やはり自分でお金を払って学ぶほうが、真剣度も違ってくるし、修了後、美波町に残る確率も上がるのです。かつての医師のインターンのように丁稚奉公的に学ぶのがベストなのかもしれません。

そこで4期生は人数を絞り込みました。その結果、3名中2名が、修了後も〈あわえ〉に残って働くことになった。ちなみに1期生のときも4名中の3名が残りました。2期生・3期生が1割も残らなかったことと比べると、少数精鋭で訓練するほうが結果が出ることは明らかです（ビジネス上は、多くの人を受け入れて、国からたくさんお金をとるほうが賢いのでしょうが）。

クリエイターズスクールは、〈あわえ〉の採用にとってもメリットがあります。じつは、〈あわえ〉の仕事というのは、いままで存在しなかった職種で、私たち自身もどういう人材がこうした職種にふさわしいのか、手探り状態だったのです。どんなスキルが必要なのかが、まだ見えていない。当然、どんな人が向いているかも断言できない。

そこでクリエイターズスクールを通して一定期間付き合ってみて、一緒にやっていけそうかどうか判断する。とりあえずはそういう進め方をするしかなかったのです。

帰れま1000

大学生のインターンも毎年のように受け入れています。ネットで募集しているので全国からやってきますが、やはり人口の関係で首都圏の学生が多い。

前章で紹介した「ヒナンロおへんろ」も、ウミガメのぬいぐるみを使った高齢者見守りシステムも、インターンからのアイデアで完成したものです。

ほかにもメディアで話題になったのが、慶応大学と上智大学の女子大生二人による「帰れま1000《せん》」という企画。大学で学んでいる「6次産業化」を実地で体験したい、という要望から生まれた企画でした。

〈あわえ〉は地元の農業生産法人と組んで「ｏｄｏｒｉ」というレストランを経営しています。二人の女子大生はそこで新商品の開発を任されました。そして考え出したのが、名物ウミガメバーガーの新商品。アイスクリームをはさんだ「ウミガメバーガー　ヒメガメ」。ウミガメの形をしたスイーツです。

思いつくまでなら、誰でもできる。レシピを完成させるのだって、プロのシェフとなら実現できる。本当に6次産業化を学ぶには、売るところまでやらないといけない。そこで、道の駅に臨時の出店をさせてもらい、1000個売るまで東京には帰らせないということにしました。これが「帰れま1000」です。

二人は半泣きになりながらも、1ヵ月間で1150個を売り切り、売り上げの一部はウミガメの保護活動に寄付されました。総売上額は30万円にすぎないのですが、彼女たちが地域を盛り上げたことはたしかです。若者が地域に入ることによって変化がもたらされることを、地元の人たちも実感したと思います。

地元食材のカタログになる店を

「ｏｄｏｒｉ」について、もう少し補足しておきましょう。地域食材をプッシュし、地方の基幹産業である一次産業を支援することも、〈あわえ〉の大きな仕事だからです。

じつは、徳島県は地鶏・ブロイラーの出荷量では日本一。名古屋コーチンや比内地鶏ほどのネームバリューがないのですが、徳島の阿波尾鶏《あわおどり》が日本トップの販売量なのです。店名はその名前からとりました。

地鶏をメイン食材にした料理がウリですが、ほかにも地元でとれた野菜や、農家さんと共同開発したドレッシングなどのオリジナル商品を販売しています。要は、「地元食材のカタ

odori

ログになるお店を作ろう」という思いから始まった店なのです。

　地元の農業生産法人から事業再生の相談を受け、東京からシェフを招いて立て直しました。シェフは私の東京時代の友人で、ミシュランガイドにも掲載された「手打ちそば　菊谷」で料理人をしていた林嗣大《つぐひろ》さんです。美波町では洋風料理をやることになりました。

　以前の店とはコンセプトを完全に変え、地元食材を全面的に押し出しました。リノベーションも自分たちでやった。お正月、お盆、ゴールデンウィークには長い行列のできる、地元では人気の店になりました。

　阿波尾鶏は県の大切な財産ですから、卵は他県に流出しないよう厳重に管理されています。徳島県内でも、肉は出荷されても、卵は出荷されません。阿波尾鶏の親子丼と言っても、普通は阿波尾鶏の肉と、ほかの鶏の卵の組み合わせなのです。ところが、ｏｄｏｒｉでは実験的に卵の使用が許されている。卵まで阿波尾鶏を使った親子丼はここでしか食べられないわけです。

ちなみに、この親子丼は２０１６年に「第６回とくしま　ご当地グルメフェスティバル」の丼部門で優勝しています。

田舎は外食の比率が低いと思います。昼食も自宅に戻って食べるのが普通です。そんな土地で、しかも地鶏に絞り込んだ店を出すことを、最初は心配されました。でも、なんとか繁盛店にすることができました。

リスクをとったのは、いずれはこの６次産業化支援の経験が「商品」になると思ったからです。徳島県だから阿波尾鶏をフィーチャーしただけの話で、豚肉が名物の地域なら、豚肉を柱に据えればいい。食材のブランディングの仕方さえマスターすれば、６次産業化店舗モデルのパッケージをほかの地域で売ることができます。〈あわえ〉の仕事を美波町の外に広げていくには、必要な経験になると考えたわけです。

ミスマッチを防ぐために

少し脱線しましたが、人の話に戻しましょう。

地域の課題を解決するために働きたい若者はたくさんいる。そういう実感があります。一方、地域を活性化するために若者の力が借りたい自治体も多い。ところが、そのマッチングがうまくいっているとは決して思えません。

２００９年に総務省が始めた「地域おこし協力隊」はすでに５０００人に達し、２０２４年には８０００人まで増員される計画です。地域おこし協力隊が町を活性化させた成功例はたくさんありますが、失敗例にもこと欠きません。

隊員（20～30代が8割を占めます）は1～3年の任期で地方に赴任します。役場の臨時職員のような立場で働くイメージです。でも、地域が何を期待し、彼らに何をしてもらうかが明確に決まっていないケースが多い。徳島県でも、そういう話を聞きます。

そもそも目的が不明確だから指示の内容も不明確で、「適当にやっといて」という扱い。若者が意気込んで乗り込んでも、新企画の提案はことごとくはねつけられる。役場のアルバイト感覚でコピー取りばかりやらされるケースもあると聞きます。

実際、知人は東北のある県に行ったのに、復興マネーで潤っている県は、地域おこしそのものに興味を示さない。「余計なことはしないでくれ」という態度だったそうです。これではやる気が削《そ》がれて当然でしょう。不完全燃焼の時間を過ごし、任期途中で離任してしまいました。

地域おこし協力隊が住民票を移せば、名目上は転入者が増える。そういう発想の自治体も少なくありません。「隣町は5人来たから、うちは6人だ」という感覚なのでしょう。紐付きの移住者は、その土地にとどまるほどの愛着がない。実際、任期が終わってもその土地に定住する隊員は6割程度にすぎません。最大のポイントである定着率の部分で、あんまり効果を上げられていない。

隊員のなかにも、何もしないでも給料がもらえるということでモラルハザードに陥り、各地を転々とする「地方創生ホッパー」になる人がいます。お互いにとって不幸な方向に進んでしまっている。

国を挙げて大きな予算をつぎ込んでいる事業にもかかわらず、そんな事態が日本全国のあらゆる場所で起こっている。本当に小さな集落に多数の協力隊が押しかけて、地域の生態系を壊してしまっている場所さえある。やはり「不幸なミスマッチ」をなんとかすべきなのです。

そんな思いをもった人たちを一人でも〈あわえ〉で救い上げることができたらと考えています。〈あわえ〉で働いてもいいし、〈あわえ〉で学んだあと他地域で働いてもいい。ミスマッチを事前にどれだけ防げるかも、〈あわえ〉の大きな仕事なのです。

空き家ビジネス

〈あわえ〉で公式に人を育てるのとは別に、個人的に面倒を見ている若者たちもいます。美波町へ来た私が20歳ぐらい上の世代に面倒を見てもらっているように、次の世代の面倒を見るのが私の使命だと考えているからです。

ドウゾノセイヤ、山﨑一平、磯中太志の３人組も、そんな若者たち。ドウゾノ君は台湾出身で、まめぞうデザインの社長。大阪との２拠点居住ですが、サイファーのように本社を美波町に移した会社です。山﨑君は日和佐出身の元〈あわえ〉社員で、デザイナー。磯中君は山口県出身で、世界を放浪して美波町に流れ着いた絵描き。みんな30歳ぐらいです。

彼らは２０１８年、日和佐の門前町に「ａｔ　Ｔｅｒａｍａｅ」という施設をオープンさせました。磯中君のカフェがあり、山﨑君のデザインしたＴシャツを売るスペースがあり、２階にまめぞうデザインのオフィスがある。近隣の人が集まって、ここから何かを発信していくような場所です。

築96年の古民家を譲ってもらい、自分たちの手でお洒落に改装しました。古民家の再生には助成金が出るというのに、工事が終わる頃になって「吉田さん、助成金ってどう申請すればいいんですか？」と訊いてくる。工事を始める前でないと助成金は認められません。若いので、とにかく勢いだけで突っ走る。

商店街そのものが消滅しつつあるのに、そんな場所にお洒落なカフェを作るなんて、どうやって商売が成り立つと考えているのか。まともな大人から「お前らバカか」と叱られかねません。でも、本人たちはそこに地域コミュニティを作ろうと大真面目。よく「町おこしに必要なのは、他所者、若者、バカ者だ」と言われますが、まさにすべての条件を満たしている。だからこそ応援したくもなるのです。

古民家にものすごく愛着をもっている連中なので、「それなら空き家ビジネスを始めるべきだ」とすすめているところです。

美波町には600軒もの空き家があるのに、本当にその一部しか使われていません。相続人を特定するのが難しい家もあり、特定できても都会に住んでいて交渉が面倒です。だいたいは荷物がそのままなので、これをどう扱うかが大問題。そんな面倒に巻き込まれるために、わざわざ都会から戻ってくる相続人はいない。

でも、だからこそビジネスチャンスがあります。「面倒くさいから貸さない」オーナーの代わりに、面倒な作業をすべて引き受けるビジネス。貴重な古民家は残るし、古民家に住みたいという移住者のニーズも満たす。手法を確立できれば、美波町を元気にするだけでなく、全国の過疎地を元気にするビジネスになり得る。

私が焚きつけると、本人たちは大乗り気。近いうちに、美波町にまた新しいビジネスが立ち上がるかもしれません。

吉田さんにはムカつきますわぁ

1年ほど前のこと。この3人組のリーダー格であるドウゾノ君から飲みの場でからまれたことがあります。

「ホンマ、吉田さんにはムカつきますわあ。尊敬はしてますけど、邪魔なんっすわあ」

何か新しいことをやろうとすると、すでに私や〈あわえ〉が手をつけており、「ああ、あの一派ね」と思われてしまう。先に来た先輩たちが、あらゆることに唾をつけてしまっているのが、もどかしいというわけです。この言葉を聞いて、私は本当に嬉しく思いました。「こいつらは本気で地域のために何かやろうとしてるんだ」と頼もしく感じました。

ここまで何度も繰り返してきたように、地方移住が成功する最大のポイントは、地方を消費する側で終わるか、地域の担い手側に変わるかです。この3人組も趣味のサーフィンなど、大人の夏休みを過ごす場所として美波町と出会った、最初は消費者だったのです。でも、いつしか、地域の担い手としての意識が強くなってきた。しかも、私の路線とは別に、自分たちの発想でやろうとしている。

美波ラボを作り、〈あわえ〉を立ち上げた頃、都会から来たプレーヤーは私たちだけでした。当然、何もかも吉田路線になる。でも、サテライトオフィスの数も増え、アイデアが徐々に複線化してきている。ムカついてくれる若者まで出てきた。このまま進めば、私が予想もしないビジネスが生まれたり、私が予想もしない地域課題の解決策が出てきたりするかもしれません。美波町は次のステージに進もうとしているのです。

もちろん、すべての人がプレーヤーになるわけではないのです。最後まで消費者で終わる人はいるでしょう。でも、先輩たちの姿を見て「なんかオモロそうやなあ。俺もやってみるか」と、プレーヤーに転身する人が徐々に増えています。本当に素晴らしい展開で、ほかの自治体がうらやましがるのもわかります。

明治大学の小田切徳美教授は地方創生研究の第一人者ですが、美波町を視察して、こんな感想を漏らしておられました。

「ここで起きてるのは、私の提唱してる『にぎやかな過疎』そのものだ」

日本全体で人口は減っていくのですから、過疎化は止まらない。むしろ高齢者が亡くなることで、人口減少は加速していく。それは美波町も同じです。数字だけ見れば「過疎化はますます進んでいるじゃないか」という話になりかねない。

ところが、ここへ来るたびに、何かしら新しい変化がある。ベンチャー企業は来る。大学生は来る。潰れかけた商店街に、なぜかお洒落なカフェやアパレルショップができる。サーファーの大将が都会から移住して、日本料理店を開く。移住した若夫婦がカジュアルイタリアンの店を開く。古民家に魅了されたフランス人が空き家を買い取り民宿を始める……。若者向けの美容院、理髪店もオープンしました。

地元の人のほうにも変化がある。社会人と交流のある中学生が増えた。おじいちゃんおばあちゃんがパソコンやスマホを使いこなすようになった。若い人と一緒になって、居酒屋で盛り上がっていたりする。ＩＴエンジニアが、なぜか漁師さんに交じっていたりもする。以前には見られなかった光景です。

過疎であることは間違いない。でも、どこかにぎやかなのです。小田切教授がこれからあるべき地方の形として提唱する「にぎやかな過疎」が実現しているのです。

第５章　奪い合わない地方創生

転入者が転出者を上回った

２０１４年、美波町の社会動態人口が半世紀ぶりに増加しました。年間の転入者が転出者を上回ったということですが、これは画期的なことです。

もちろん、高齢者が半数近い町で、生まれる子よりも亡くなる人のほうが圧倒的に多いわけですから、総人口としては減っています。

だから、転出者と転入者の差（社会動態人口）を見てはじめて、その地域の実態がわかります。たった6人の転入超過とはいえ、美波町の社会動態人口が増えたことは、全国の過疎地を勇気づけました。それ以来、視察も急激に増えました。それまでは「田舎へ本社を移した面白いＩＴ企業があるよ」という取材が大半でしたが、ここから「地方の生き残る道はここにある」という目線の視察が増えたのです。

現在、美波町に視察団が来ない週はないといっていいぐらいです。全国の自治体や中央官庁の職員たち。国会議員や大学の研究者たち。進出を考えるベンチャー企業も来れば、新しいワークスタイルを見学にくる大企業の方もいる。

韓国、台湾、中国、そしてフィリピンといった新興国からの視察も増えています。都市集中の度合いはこれらの国々のほうが激しい。日本と違い、首都と地方で給料が何倍も違ったりします。だから、給与水準は東京と同じで、物価が安いので生活レベルは上がっているサテライトオフィスに対して驚きの声が上がる。

こうなると、地元の観光業が潤います。視察に来た人々はホテルにも泊まれば、夜は外食もする。これがバカにならない。

漁師町ですから、かつては儲けたぶんをすべて一晩で使い果たすような剛の者もいたのでしょうが、漁師さんも高齢化して、スナックで夜中まで遊ぶような元気な人も減っています。飲食街が寂れつつあったところに、急に都会のお客さんが増えたので、飲食業の人からは感謝されています。

これなら真似できそうだ

こうした視察団は、神山町や上勝町《かみかつちょう》とセットで美波町を訪れるのが普通です。じつは地域おこしの点では、徳島県ではいくつもの先進的な取り組みがおこなわれてきました。危機のあるところにアイデアが出てくるのか、お利口さんなら絶対やらないことを平気でやる徳島人気質からなのか、わかりませんが。

神山町については何度もご紹介しましたが、上勝町というのは、「葉っぱビジネス」で話題になった町です。高齢化率が50％以上と美波町以上の高齢者の町ですが、葉っぱや花を日本料理に添えられる「つまもの」として全国の料亭などに出荷して、年収1000万円を稼ぐおばあちゃんたちを生み出しました。

ほかにも面白い取り組みはあって、美波町の伊座利地区は人口100人ほどの小さな集落ですが、移住者が7割を占め、高齢化率は全国平均（約27％）を下回る驚きの20パーセント。このまま人口が減れば由岐中学校伊座利分校まで廃校になってしまうと危機感をもち、不登校児など都会の学校になじめなかった生徒たちを受け入れたのです。親子で移住することが絶対条件で、全町民が面接をします。この結果、集落が若返った。

こうした取り組みは「上勝モデル」「神山モデル」「美波モデル」などと呼ばれたりしますが、私はそこに共通するものを感じます。前章でご紹介した徳島人特有の「ゆるさ」が、どの事例にも感じられることです。

葉っぱビジネスの仕掛け人である横石知二《よこいしともじ》さんも、神山町に多くのサテライトオフィスを呼び込んだ大南信也さんも、親しくさせていただいていますが、一見「ごくごくフツーのおじさん」です。特別な感じがまったくない。横石さんは元農協職員ですし、大南さんも田舎の建設会社の社長さんです。

そういう私自身、IPO（新規上場）で大金持ちになったわけでも、誰もが知る会社を経営しているわけでもない。サテライトオフィスで注目を浴びるまでは「潰れそうな中小企業のおっさん」でした。決して世間的なイメージの成功者ではない。この3人のなかでは多少若いというだけで、単なる中高年です。

でも、そういう人たちが活動を引っ張っているからこそ、「私にもできそうだ」と、全国から視察が殺到しているのだと思います。これが日本の頭脳を集めた東京のナントカ研究所の提案だったら、ハードルが高くて「自分には無理だ」とあきらめてしまうでしょう。こういうことが、意外に大切なのです。

美波町へ視察に来られた方がみんな驚くのが、飲み会の様子です。〈あわえ〉のスタッフや、サテライトオフィスで来ている若者たち、地元の漁師さん、美波町役場の職員に徳島県の職員、町長や国会議員、いろいろな人たちが入り交じって飲む。美波町では珍しくない光景なのですが、みなさんビックリされる。

最近、癒着とか忖度《そんたく》とかうるさく言われるようになり、特に政治家や行政の方と市民が一緒に飲むのは避けられる傾向にあります。重要な話があるときは、わざわざ隣町まで行って会合することもあると聞きます。他人の目が気になるのです。

美波町では、「そんな小さなこと」をあまり気にしない。ゆるいのです。でも、だからこそ一緒に盛り上がれるし、全住民が一丸となって「町を元気にするにはどうしたらいいか」を議論できる。先週、都会から移住したばかりの若者が、町長に直接意見を言うことだって普通にあることです。

脇が甘いと叱られるかもしれませんが、こういう「ゆるさ」が地域再生の役に立っている面もあるのです。

東京に営業マンを置く

おかげさまで、〈あわえ〉のビジネスは軌道に乗りはじめ、5年目にあたる2017年度は黒字化を達成しました。2018年度は「人を増やさないと間に合わないいな」というぐらい、たくさんの案件が決まっています。過疎地で作ったビジネスは急拡大している。

初期は徳島県南にある自治体の仕事が100パーセントでした。3年目ぐらいから他の自治体の仕事が増えだし、いまは半分以上が他の自治体の仕事です。〈あわえ〉を立ち上げたときから、「再現性のある処方箋を美波町で作り、他の自治体に売る」ことを目標にしてきましたが、いよいよ本格化しつつあります。

市町村だけでなく、都道府県との仕事も増え、総務省など中央官庁との業務もスタートしています。

ただ、そうなると、悩ましいのはアクセス。美波町から徳島空港までは車で1時間半。徳島空港からは東京便と福岡便しかない。気軽に相談にやってくるには、美波町は遠すぎるのです。地方の人にとって、その羽田空港や福岡空港に行くまでが大変なのですから、頻繁に通うわけにもいかない。

ほとんどの打ち合わせはテレビ会議でやってしまいますが、２０１７年から東京にも営業マンを置くことにしました。他の自治体のみなさんの利便性を考えてです。これまで都会から田舎へという流れしかなかったのに、初めて田舎から都会へ出ていくことになったのです。

儲かるのに、そのうえ魚がうまい

美波町にサテライトオフィスを誘致するとき、私は当初ほど自然の素晴らしさを強調することがなくなりました。放っておいても、すでに進出している人たちがネットで発信してくれるからです。

最近はむしろ美波町が「課題の先進地」である点を強調しています。地域課題を解決することがビジネスになる。過疎地は「儲かる」。そっちの理由で進出する企業が増えているし、説明会でもそうした話を聞きたがる。

ですから、「うちもベンチャー企業を呼びたい」という他の自治体のお手伝いをするときも、その方向でアピールするようお願いしています。

例えば、東京で10の自治体、100のベンチャー企業を集めたマッチングイベントを何度かやっています。お見合いパーティで男性側だけがお金を払うように、誘致したい自治体側が費用を負担し、企業側はゼロです。100社で締め切っても、結局は120社まで増えたりと、関心の高まりを感じています。

ここで自治体の職員に口うるさく言うことがあります。「自慢話の禁止」です。放っておくと、酒がうまい、人情が厚い、魚がうまい、温泉が……といった話になる。でも、ベンチャー企業は旅行をしにいくわけではありません。ビジネスをしにいくわけです。「暮らしやすい」というキーワードだけで企業を誘致するのはなかなか難しい。

むしろ「本当は隠しておきたい、おらが村の課題」を正直に話してくれるよう、お願いします。その課題を解決することがビジネスにつながると思えば、ベンチャー企業は向こうからやってくる。助成金の有無や大小が本質ではないのです。

身内の恥をさらすようで、抵抗感をもつ自治体もあります。しかし、企業はビジネスをするために地方進出するのであって、ボランティア活動をするために地方進出するわけではありません。

豊かな自然や食べ物はもちろん重要です。でも、優先順位としては、まずビジネス。「お金が儲かるのに、そのうえ魚がうまい」という順番であるべきなのです。ここがもっとも勘違いされている部分といってもいいかもしれません。

公務員の体温を上げる

過疎地の市町村に暮らす人にとって、大都市のベンチャー企業は遠い世界の存在です。具体的に何をやっているのかイメージが湧くほうが不思議ですし、実際にベンチャー企業の社長に会ったことのある人のほうが珍しい。「ベンチャーってホリエモンのことですか？」という質問が出てくるぐらいです。

だからマッチングイベントをやって、ベンチャー企業の社長に実際に会い、イメージを作ってもらう。遠い世界の存在ではなく、一緒にやっていけそうな仲間だと感じられてはじめて、自治体側の熱量も上がるのです。

ほかにも3ヵ月に1回、東京で地方創生研究会という、有償の勉強会もやっています。自治体の職員が意識を高めあい、解決の手法を学ぶ場です。

じつは美波町では、「なんで地方創生の秘伝のタレの作り方を、外の連中（他の自治体）に教えるんだ」という批判もあります。でも、美波町だけが活性化する地方創生なんてあり得ない、と私は考えています。美波町だけが移住者を集めるのであれば、それは美波町が東京と置き換わっただけです。そういう奪い合いの構造自体をぶち壊して、日本全国が盛り上がらないといけない。

だから、私たちは何も隠すつもりがありません。自分たちのノウハウをすべて見せる。「ほかの自治体も同じ苦労をして、その坂道を這い上がってこい」なんて考えていない。やらなくていい苦労はする必要ないのです。同じ苦労をするのなら、私たちもまだ経験していない「その先の苦労」にエネルギーを使ってほしいのです。

私のときは、美波町役場の職員である鍜治さんが強力なサポートをしてくれました。第2章でご紹介しましたが、私の3歳のときからの幼馴染みです。二人で「恋愛中の中学生カップルでも、こんなに電話せんわ」と笑い合うぐらい、毎晩毎晩、電話で相談した。ああでもないこうでもないと、ゼロイチの試行錯誤をやった。

例えば「地元の漁師さんを紹介してください」と頼まれたとき、住所と電話番号だけ伝えるのか、その漁師さんを交えて3人で飲むのかで、自治体職員の大変さは全然違う。でも、後者の形でやらないと動かないのが田舎の社会。ゼロイチのテイクオフは、よっぽど思いの強い人でないとやれない。その時点では効能が判明していないことも多いので、ロスを覚悟で動かないといけないからです。

鍜治さんほど情熱をもって動いてくれる公務員はそうそういない。でも、なんと言っても地方創生の主役は公務員さんなのです。サテライトオフィスの人たちも、地域の世話役たちも本業がある。地域の活性化に専念はできない。地域を活性化するために働く主体は地方公務員か、準公務員たる地域おこし協力隊員しかいません。

財源の問題でもそうです。美波町でもサテライトオフィスに事務機器・通信料などの補助を出したり、住宅のリフォーム代に補助を出したりしていますが、こうした財政支援はいまのところ行政にしかできない。

だから、〈あわえ〉の使命のひとつは、公務員の体温を上げていくことにあると思っています。一般に自治体職員は自分の守備範囲にない仕事や、前例のない仕事を避ける傾向にあります。評価制度にも問題があるのかもしれません。それゆえ公務員は、変に体温を上げない習慣がついてしまっている。ここをどう突破して、「その気」にさせるかをつねに意識しています。

遊び人を世話役に

美波町は移住者も増え、移住者同士で助け合える環境も整ってきました。でも、これからゼロイチで立ち上げる場合は、さまざまな問題に直面します。初期に進出した企業は苦労の連続になりますから、彼らをサポートし、ときに反対勢力から守ってやる、地元の世話役が不可欠になります。

自分事《じぶんごと》として働く公務員と、日常的に移住者の面倒を見る地元のキーパーソン。この両輪が揃ってはじめて、地域おこしは成功する。

そう話すと、たいていの自治体は、教育委員会の方とか、元郵便局長とか、元教師とか、いわゆる「社会的に偉い人」を出してきます。でも、そうではないのです。これに関しても徳島県的な「ゆるさ」が必要とされる。

ベンチャー企業を誘致するのなら、やってくるのは若者です。どんなに偉い人であっても、話が通じなければ親しみを覚えない。年齢が離れていることはまったく問題ないのですが、例えば趣味が同じとか、何か共通項が必要です。真面目で立派な人より、「話のわかるオヤジ」のほうが向いている。

美波町の場合でいうと、私の師匠だと紹介した浜口和弘さんや、町会議員の舛田邦人さんがそんな存在。二人ともサイファーのある田井の集落の住人ですが、サイファーの社員たちの面倒を親身になって見てくれました。しかも、若い頃はやんちゃをしていた人たちなので、若者も親しみを覚えるのです。

二人とも60代半ばですが、第一世代のサーファーです。舛田さんはクニ舛田、浜口さんはウェイン浜口というサーファーネームももっている。同じサーファーであれば、若者ともすぐ同じ話題で盛り上がれます。

私たちは舛田さんのことを「クニさん」と呼んでいますが、この時点で、普通の町会議員とは違う存在であるとわかるでしょう。偉い議員先生だから慕っているわけではなく、「一緒にいて楽しい兄貴分」だから慕っているのです。

格好いいアニキが必要だ

クニさんは美波町にサーフィン文化をもち込んだ人で、「伝説のサーファー」と呼ばれています。アメリカの雑誌を見てサーフボードを作ったり、日和佐の町をスケボーで移動したり。田井集落の海岸線に「ワイキキ通り」「アラモア通り」といった名前がついているのは、その名残です。

クニさんはスーパーライセンスをもった元レーサーでもあるし、洋服にも詳しい。特にアメリカのファッションにはうるさく、膨大なスニーカーのコレクションが残っています。一方、トラッドにも一家言あり、こんな田舎町でVANがどうだと騒いでいた。車を買うのも早かった。時代の先端を走っていたわけです。

浜口さんはクニさんより少し年下なので、若い頃は弟分的な存在だったそうですが、こちらも超のつく遊び人。酒も女も喧嘩も、山のようにエピソードをもっている。若い頃、チャラチャラしたサーファーを見かけたので、喧嘩して港に放り込んだ。あとでサーフィン雑誌を見たら、殴った相手が日本有数のプロサーファーとして紹介されていたとか。

さすがにいまはサーフィンをすることはありませんが、遊び人であることは変わりません。浜口さんが漁師になった話はしましたが、クニさんも一時期、身をもち崩すほど磯釣りにはまっていた。やるとなったら徹底的にやる。

田井にもう一人、デーブ大地さんというキーパーソンがいますが、彼は、目の前に海があるのに、わざわざハワイやモンゴルまで釣りに出かけるほどです。歳をとっても徹底的に遊ぶ。

遊びに対する感受性が鋭いから、若い人たちとも一緒にどこまでも遊べます。ウナギを釣りに行ったり、カツオを釣りに行ったり。遊びを中心に置いて付き合える。そんな「格好いい大人」が相談役であったほうが、移住者が地域になじむのが早くなる。

だから、ほかの自治体の方にも「偉い人じゃなく、若い頃は手をつけられなかったぐらいの遊び人を連れてきてほしい」と頼むのです。陰で見守る父親役でありつつ、遊びの先輩としても尊敬できる人物こそ、受け入れる側に求められているのです。

住民票に意味はない

美波町はさまざまな条件が重なって成果を出しつつあります。他の自治体には他のやり方があるのかもしれない。でも、この部分だけは美波町を見習ってほしいと願うのは、「奪い合わない文化」です。前章でも書きましたが、豊かな土地だからか、奪い合わない空気がある。「べつに移住せんでもええけど、また一緒に遊ぼ」と言える文化。

いまの「地方創生」の多くは、若者の奪い合いをやっているように見えます。各自治体は移住者が何人増えたとか、住民票の数の増減だけ見て騒いでいる。でも、日本全体の人口は確実に減っていくわけですから、自分のところの住民票が増えれば、どこかの住民票が減る。国のお金を使って奪い合いをやって、何の意味があるんでしょうか。

私自身、美波町と東京を行き来する生活のなかで感じるのは、かつてほど「そこに暮らすことの意味」がなくなってきているなあ、ということ。通信技術が発達したおかげで、どこでも同じ仕事ができるようになった。

つまり、東京にいても美波町のために働くことは十分できる。スキルさえもっていれば、美波町にずっといる必要はないのです。東京に長くいるほうが、より美波町のために働けるケースさえあり得るでしょう。

いまの時代、住民票にこだわる理由はほとんどなくなってきている。もちろん、地方交付税など、人口に応じて配られるものには関係してくるのですが、地方を元気にするという観点ではほとんど意味がない。

田舎では一人何役が当たり前、マルチXな生き方が人間を再生させるのだ、という話は何度かしました。その発想を、田舎から日本全国へ広げればいい。マルチ住民というか、さまざまな自治体に所属するのです。例えば美波町の住民でありつつ、東京都の住民であり、神奈川県真鶴町の住民であり、岩手県八幡平市の住民であり、熊本県天草市の住民である。そんな意識に変えていく。

最近よく耳にする「関係人口」という考え方です。ハードルの高い移住は選ばない。これから先も私は都会で暮らし続ける。しかし、特定の田舎に精神的紐帯《ちゅうたい》をもって応援していく。そんなサポーターを増やしていけばいいのです。

ここで重要なのは、そのサポーターが別の田舎も応援していたとしても、気にしないことです。大切なのはわが町を応援してくれるかどうかであって、囲い込んでしまう意味はないのですから。

日本政府としても、複数の住民票を認めるような発想があっていい気がします。マルチ住民票が認められたら、住民税はどうするのか？　例えば思い入れの強さを登録しておき、それに応じて、住民票のある各自治体に住民税が分配される。そんな仕組みを作るのは、技術的に十分可能です。

ここを俺のふるさとにする

子供が激減している過疎地の学校では、一人の生徒が野球部と卓球部を掛け持ちしないと、部活動が存続できないような状況になっています。田舎では、一人の人がいろんな仕事を掛け持ちしていることも紹介しました。過疎地に未来の日本の姿があるのだとすれば、一人の人間が複数の地域の住民になるという発想は、さほど不自然ではないはずです。

私がなぜそんな発想をするかというと、ふるさとをもたない人が増えているからです。「親は鹿児島出身ですが、私は大阪で生まれ育ちました」「親は岩手県出身ですが、私は東京で生まれ育ちました」という人にけっこう出会う。私のように「ふるさとらしいふるさと」で生まれ育った人間は恵まれていると感じるときがあります。

都会育ちの人が何度か美波町へ遊びにきているうち、「ここを私のふるさとにすることにします」と宣言する。そんな光景を何度か見かけました。移住まではしなくても、人は精神的なふるさとを求めているのだと思います。

東京板橋区に「モリス」という有名ラーメン店があって、店主の松田徹時《てつじ》さんとは一緒に長渕剛のオールナイトライブに行った仲です。私の子供たちは忙しい父親に代わって、松田さんに自転車の乗り方を教えてもらったぐらいです。

彼に「美波町はいいとこですよ。一度、遊びにきてください」と誘ったら、一発で気に入り、何度も通ってくるようになった。そして「ここを俺のふるさとにする」と宣言しました。埼玉県や東京都で育った人なので、自分のふるさとと言えるような場所がなかったのです。

その後、松田さんは2018年7月に新法人「桃次郎商店」を美波町に設立したうえで、「阿波尾鶏中華そば藍庵《あいあん》」を8月17日に日和佐の商店街にオープンしました。

似たような人はいっぱいいます。ふるさと納税をする人たちのなかにも、「この地域を応援したい」という人は多いはず。都会に住んでいても、ある地域を「心のふるさと」だと意識する人は少なくないのです。

その「心のふるさと」が、ひとつである必然性はありません。親や先祖が生まれ育った土地ではないのですから、複数あっていいのです。うちの町のほかにも「心のふるさと」をもっていることに対し、目くじら立てるほうがおかしい。

自治体も住民票の数を指標にするのではなく、こうしたサポーターの数を競うようになってほしい。それこそ、奪い合わずに、日本全国の過疎地を元気にしていく唯一の方法だと考えるからです。

デュアルスクール

そんな私の思いを込めた取り組みが、デュアルスクール。一人の生徒が、複数の学校に所属して授業を受ける制度です。

そもそもは、私の妻が発した、「おとうちゃんは東京と美波を行き来して両方の良さを楽しめるけど、私や子供たちには難しい」という声が発端なんです。

おっしゃる通りで、違う環境を行き来すれば、子供の視野が広がります。私自身、2拠点居住を始めた頃、「田舎の考え方も東京の考え方もわかってきたから、俺の視野、広がってきたんちゃう？」と感じたぐらいで、子供にもいい影響を与えるはずです。

もちろんカリキュラムの調整とか、ややこしいことはいろいろあると思います。しかし、都会の良さも、田舎の良さも、どちらも捨てないという意味で、「欲望の千手観音」の食指が動くアイデアなのです。

そこで徳島県知事に提言して、ふたつの自治体の小学校に属して学ぶ仕組みを作りました。例えば住民票は東京都の世田谷区に置いたままですが、美波町に来たときは日和佐小学校に通える。もちろん全国で初めての試みです。

2016年に最初の1例が生まれ、次々と広がっています。春は東京で運動会、秋は地方の小学校で運動会と、一年に2回、運動会を経験する子もいます。親御さんからは「違う環境で育った子供と接することで刺激を受ける。お互いに発見があるので、多様な価値観が生まれる」と好評です。

デュアルスクールは2017年の全国知事会主催の先進政策大賞を受賞しました。まあ、私としてはもっと欲張りに、全国数ヵ所の小学校で学ぶ「マルチスクール」があっていいんじゃないか、と夢見ているのですが。

私が通っていた頃、日和佐小学校には一学年110〜120人の生徒がいました。いまは30人もいません。4分の1に減ってしまった。デュアルスクールが一般化すれば、廃校間際まで追い込まれている過疎地の学校を救うケースも出てくるはずです。

若者以上に子供が減っていく時代なのです。それを学校が奪い合う時代はもう終わりにしたい。どこの小学校に属しているかなんて、本質的な問題ではありません。奪い合わない発想法こそ、いま、日本の社会に求められているのです。

この町に生まれて不幸です

じつは、サイファーの美波ラボを作った直後、大変ショッキングなことがありました。

美波町には日和佐中学と由岐中学と中学校がふたつしかありません。日和佐中学のほうは生徒が一クラス20〜30人ぐらいいますが、由岐中学のほうは10人もいない。新入生が3人という状況ですから、この先、合併という話も出てくるかもしれません。

そんな由岐中学の先生が、私のことをニュースで知って、訪ねてこられたのです。わざわざ東京から美波町へ戻った奇特な人間に、ぜひ相談したいことがあると。先生が悩んでおられたのは、女子生徒たちにこんなことを言われたからでした。

「この町には私たちが欲しい服の店も、都会では普通にあるものもない。ここに生まれた時点で、私たちはハンディを負っている。この町に生まれた私たちは不幸です」

愕然としました。「不幸です」とまで言わせるものは何なのか。

私が中高生の時代も、都会に対してコンプレックスを感じることはありました。例えば、修学旅行で東京の生徒に出会う。明らかに自分たちのほうがダサい。自分が田舎者に思えて、なんとも恥ずかしい。でも、それは実際に会うというリアルな体験を前提にした話であって、いまの子のように、行ったこともない東京に対してコンプレックスを覚えることはなかった。昔より東京の存在が近くなりすぎているのです。

もちろん大人の意見として「モノだけがすべてじゃない」とか「ここには素晴らしい自然がある」とか強弁することは簡単です。でも、この生徒の「じゃあ、先生。私がヴァイオリンを習いたいとして、この町に教えてくれる人はいるの？」という問いかけには、真理がある。その問題提起を誤魔化してはいけないのです。

　だから、美波町の子供たちの多くはいずれ、片道切符でここを出ていく。高校がないというこど以前に、ここに魅力を感じないからでしょう。ファッションの問題ではないのです。町にも人にも魅力を感じていない点に問題がある。

　私たち大人は、すべてが東京に吸い上げられる社会を作ってしまった。田舎に残っている人というのは、何らかの特殊な意思決定をした人なのです。例えば、高校に行くとき、職人になるとか農家を継ぐとか、特別な理由のない子は、普通科を選びます。次に大学に行くのかどうか。「どうしてもこれがやりたい」と決まっていない子は、とりあえず大学に進む。就職に際しても、どうしても何かがやりたい学生でなければ、「世間に名の知られた」大企業に入りたがるはずです。

　大学も大企業も田舎にはありません。つまりマジョリティは必然的に大都会へ吸い上げられていく。そういう構造になっているのです。そういう分野では、とても東京にかなわない。

　自分の子供も、東京に劣等感を感じながら育っていくのだろうか？　そう考えると、いてもたってもいられなくなりました。こんな構造にしてしまったのは、大人である私たちの責任でもある。美波町で、ちょっとでもこの構造を壊せないか、と考えました。

大人の本気を見せる

高校・大学で外へ出るのは仕方ないとしても、その先のどこかでUターンして、美波町に帰ってきてほしい。そのためには、町に魅力がないといけません。町というより、そこに暮らす大人に魅力がないといけない。

まずは、格好いい大人が美波町にいると知らしめること。サイファーが中学校でIT授業をやったり、他社のサテライトオフィスの協力を得て、地元の中学生に職業体験してもらう場を増やしているのは、そういう理由です。

田舎にも働く場がある。分野によっては東京より先をいっている技術はあるし、給料にしても東京と変わらない。そんな人たちが、昼休みにサーフィンするような、楽しい毎日を送っている。その姿を見せることで、「私もサイファーのお兄さんみたいに、この町で働きたい」と思ってほしい。

思えば、人口7000人しかいない町に、これだけ多くのIT企業が集中しているのは、すごいことです。中学生の数に対し、IT授業のできる先生の割合を考えると、大都会より恵まれているかもしれません。

学校がないから外には出る。でも、それはあくまでプログラミングのスキルを学ぶためだ。スキルを身につけたらUターンしたい。だって、職場は美波町にもあるんだから――。そんな風に考えてほしいのです。日和佐の海岸で生まれたウミガメが、成長して産卵に戻ってくるように。

本気で遊んでいる姿も見せます。秋祭りのときは巨大な〝ちょうさ〟を必死で担ぐ。年配者には年配者の役割があって、「宿老」が旗を振って先導する姿には圧倒されます。私は子供のとき、そんな姿を見て「早く大人になって、僕も〝ちょうさ〟を担ぎたいな、旗を振って先導したいな」と思ったものです。大人が本気になっている姿を見せる機会はそうそうない。祭りも絶好のチャンスだと思うのです。

将来のために種をまく

〈あわえ〉のビジネスもようやく軌道に乗ってきました。会社としては収穫期に入ったわけで、稲刈りに集中したい誘惑にかられます。

でも、どんなビジネスも同じで、そこをグッと我慢して、将来に向けた種まきも同時にやっておかないといけない。研究開発をやらないと、他の自治体がサテライトオフィスの誘致に成功したとき、売るものがなくなってしまう。5年先10年先に起こることを予想し、出てくるであろう課題の解決策も考えておく必要がある。

教育の問題は、そんな長いスパンで考えるべき事業だと思います。デュアルスクールに関しては、思い切って取り組んでおいたおかげで、他の自治体が導入しようと思ったとき、〈あわえ〉にしかコンサルティングできないブルーオーシャンの事業になり得る。

由岐中学の生徒の問いかけに答えることも同様です。どうすれば彼女たちがUターンするのが当然だと思ってくれる町にできるのか。いつ具体化するか見えないけれど、マーケットがないところに何を生み出すか、が問われているのです。

初期に移住したサイファーの社員たちも、家族をもち、子供をもった。ライフステージが変わってきている。そろそろ「自分の問題として」教育問題を考える環境になってきています。自分の子供が育ったとき、地元に高校がない。では、どうするのか？　私たちにとっても深刻な問題なのです。

私自身、子供たちを美波町に移住させたあと、「彼らが大きくなったとき、この町でまた子供を産み、育てたいと思ってくれるのだろうか」と自問するようになりました。このまま何もしなければ、地域社会は消えてしまう。

東京で「子育ては田舎で」と考えていたときは、自然のイメージしかなかった。美波町の大自然の中で育てば、私同様、「海に潜って魚とったら生きていけるさ」という根源的な自信をもてるのではないかと思っていました。

でも、母の実家の話で明らかなように、過疎化が進めば、自然だって変わります。私の子供時代は、シカやイノシシやサルをこんな身近に感じさせるような自然ではなかった。田んぼでも畑でも獣害に悩まされることが増えています。

これが地域社会となると、なおさらです。その問題がリアリティをもって迫ってきた。もう「自然の揺りかご」任せじゃどうにもならない。では、彼らにいったい何を残せるのだろうか。危機感は日に日につのっています。だから、教育という、すぐには利益につながらない問題にも取り組みたいのです。

阪大のお兄ちゃんみたいになりたい

狭義の学校に限定せず、田舎で学べる場を増やすことも大切だと考えています。大阪ガス行動観察研究所の松波晴人《はると》所長は、大阪大学でフォーサイト・スクールの講座をもたれています。フォーサイトとは未来への展望のこと。未来を作る新しい価値を生み出す方法論を学ぶ授業です。

２０１８年の授業のテーマは「美波町をどう活性化するか」。5月には学生さんを連れて美波町に来られ、学生向けの体験型観光商品を作れないか考えました。案のひとつが「人生インターン」で、農家に1週間ほど滞在し、お手伝いするなかで自分を見直していくというもの。お客さんとして農業体験するのではなく、農家の疑似的な孫、疑似的な子供として働くことで、新しい関係性を生み出す。

過疎地に大学生がたくさん来ることは、子供たちの刺激になります。阪大の学生さんがフォーサイト・スクールで学んだものを、地元の中学生にフィードバックしていくことはできないか？　大都会より田舎のほうが地域の問題は見えやすい。規模が小さいぶん解像度が上がるのです。地域学習をやるとしたら、田舎のほうが向いています。こうした教育プログラムが作れないかと考えています。

べつにお金儲けの方法を教えるわけではありませんが、ビジネス的な観点を子供に身につけさせることは重要です。学校でそれをやらないのに、社会人になって急に「価値を創造しろ」と言われても、できるわけがない。

自分のときを思い起こしても、学校では真面目に働く尊さしか教わりませんでした。もちろん、それは非常に大切なのですが、社会に出ると、効果を高めるためには、必ずしも自分が汗をかく必要はないことにも気づく。誰かにやってもらう手もあるのです。そういう感覚を身につけさせる意味はある。

私も、薪ストーブの薪割りを子供と一緒にやるとき、必ず考えさせます。例えば「もしこの薪を売るとして、どうやったら利益を増やせると思う？」と質問する。1本あたりの売価を上げる、割る本数を増やすというのは、学校でも教わる考え方です。「それ以外の方法がないか、よく考えてごらん」と。

アイデアはいろいろあるはずです。例えば、友達を呼んできて割らせるのはどうでしょう。友達にアルバイト代を払うぶん、これまでより1本あたりの儲けは減ります。でも、これまでよりたくさんの本数を割れるから、トータルの利益は増えるかもしれない。

その延長線上にあることも、考えさせる。じゃあ、もっともっとたくさん割って、薪の売価を下げたほうが、お客さんは喜ぶんじゃないか？　もっとたくさんの友達に手伝わせるほうが、アルバイト代をもらえる人が増えて喜ぶんじゃないか？　でも、あまりに薪を取りすぎて、山が裸になっちゃったら、どうするのか？

こうやって考える訓練が大切なのです。答えのある話ではないので、親子で一緒に考えればいい。要は「考え方のフレーム」を身につけさせる。これまでの学校教育に欠けている要素ではないでしょうか。

こういう授業が実現すれば、子供たちは「このお兄さんみたいに阪大で勉強してみたい」と思うかもしれない。さらに「阪大に入ったら、僕も同じように美波町の子供に教えにくるんだ」と思うかもしれない。たとえそれが狭き門だったとしても、そういう選択肢があるかないかで、大きく変わってくると思うのです。

もちろん、これは美波町に限った話ではありません。こうした教育プログラムを作り上げることができれば、「フォーサイト・スクール・イン〇〇」として、ほかの地域でもできるのです。

田舎のことわかってるな

〈あわえ〉のスタッフはその多くが移住者であり、小さな集落に都会の人間が入り込んだとき、何が起こるか身をもって体験しています。東京のシンクタンクが「効率が悪いから合併するべきです」と一言で済ませるところでも、合併したら何が起こるか知っている私たちは、そうシンプルには割り切れない。田舎を知っているからこそ提言できることがあり、そこが強みになっていると思います。

田舎に暮らしてみると、意外なことがトラブルにつながると学習します。例えば、農家のおばあちゃんが軽トラをゆっくり走らせているとする。急いでいるからと追い越したら、「サテライトの連中は乱暴だ」と言われます。追い越しはご法度《はっと》。こちらもゆっくり走るか、別の道を探すほうがいい。

言葉の重みも違っています。都会で「いったん社へもち返って、検討します」と言う場合、「この件は筋はありませんよ。連絡もしません」という意味と同じですが、田舎では文字通り受け取って、連絡が来るのを待ってしまう。結果、「あいつは口先だけの人間だ」と悪評が立ってしまうのです。

　美波町では秋に町内運動会があって、全住民が参加します。このときどこの集落のチームに入るかも、じつは大問題。サテライトオフィスがある場所と、自宅がある場所はたいてい違いますから、微妙な空気が流れる。無理強いすることはないのですが、「ああ、あっちの集落から出るのか……」と、悲しい思いをしているのかもしれません。愛の深い人たちだけに、傷つけることになってしまうのです。

　初期はそんなことに気づかず、無邪気にやっていたのです。でも、普通、まずはオフィスのある地域の人と親しくなって、徐々に住んでいる地域の「つとめ」を果たすようになる。まずはオフィスのある集落のチーム、やがて自宅のある集落のチームから出ることになるので、前者をガッカリさせるわけです。そんなことがわかってきたので、最近は、当初から自宅のある集落のチームに入るよう指導しています。

　ちなみに私は、三つの集落に属しています。サイファーは田井の集落、〈あわえ〉は日和佐地区の中村町、自宅は日和佐地区の桜町にある。運動会なんかでは「吉田社長はどっちへ出よるんや」と注目されているのがわかります。ありがたいような、困ったような心境です。

氏子の集団として地域を見る

美波町といっても、昭和の大合併、平成の大合併で一緒になっただけ。数十年たとうが、完全にひとつにはなれません。他所者には見えてないだけで、微妙なモザイク状になっているのです。移住者を縛りつける独占欲をもたない人たちでも、隣の集落へのライバル心は払拭できない。そこは理屈じゃない。

例えば、田井の集落は〝ちょうさ〟の祭りには参加していませんが、八坂神社の祭りがある。祭りが違うと、そこに住む人にもまったく違う集落だと意識される。

全国的に合併が繰り返された結果、「地域の単位って何なの？」ということが見えにくくなっています。海部郡のような郡で考えるべきか、美波町のような町で考えるべきか、私もずっと悩んできた。でも、結局は神社を中心とした氏子たちの集まりで考えるのが、もっとも現実が見える。日和佐であり、田井です。美波町だけでも何十と神社があるから、それだけの「地域」がある。

田井などはたった何十人の集落です。だからこそ、たった一人若者が入るだけで、雰囲気をガラリと変えることができる。移住者を「新しい氏子」ととらえると、いろいろなことが見えるようになりました。一言で「地域を変える」と言いますが、どういう方法がもっともて、この原理を働かせることができるのか見えてきた。

こうしたディテールを理解しているために、他の自治体の方から「ああ、こいつらは田舎のことわかってるな」と評価していただけるのです。

助成金で飲みやがって！

都会からの移住者は、ときにいらぬ誤解を受けることもあります。

例えば、地元の建設業者が「サテライトが来てから、予算を全部もっていかれた。おかげで公共事業が激減してしまった」と文句を言っていると、人づてに聞いたことがあります。でも、工事は国交省の予算、サテライトオフィス関連は総務省の予算です。公共事業が減っているのはまた別の理由であって、サテライトオフィスが直接的な理由ではないはずです。

あるいは「お前らは国から助成金もらって、その金で毎週、居酒屋で飲んだくれてる」と言われたこともあります。でも、〈あわえ〉は助成金で食べているわけではありません。プロポーザル（企画提案）などを通じて行政の事業を受託しているだけです。

こういう批判をする人は、事業費、補助金、助成金、地方交付税といったものが、頭の中でごちゃ混ぜになっているのです。〈あわえ〉はサービスを売って、その代価をいただいているだけですから、税金泥棒扱いされる筋合いがない。

こうした批判が出てくる背景には、嫉妬があるのだと思います。サテライトオフィスの連中だけが国や自治体の保護を受けて、うまいことやっていると。

ただ、それは100パーセント否定できない部分もある。徳島県はサテライトオフィスを政策的に優遇しています。既存の事業者には家賃補助などつかないわけで、ハンディキャップ戦を強いられている気分になるのでしょう。「フェアじゃない」という言い分は、当たってなくはないのです。

美波町には、進出企業と競合するような会社はそもそもありません。でも、徳島市にはあります。最近、県のプロモーションムービーとか、クリエイティブな仕事の多くをサテライトオフィス企業が獲得しています。都会的なセンスを求められる仕事に強いのです。それで仕事を奪われた徳島市の業者は、不満に思っているのでしょう。

こうした微妙な地元心理を頭に入れたうえで、粘り強く取り組み、誤解を解きながら、お互いにとって利益になる関係を築き上げていく。〈あわえ〉の仕事は多いのです。

でも、自分たちがプレーヤーとして経験して、リアリティをもって語れるものしか売らないから強いのだと思います。東京の頭脳集団ならやらない「汗をかく」行為をやっている。一見、効率の悪いビジネスではあるのですが、他の自治体の方からすると、かいた汗のぶん、説得力があるのだと思います。

あわえとサイファーの協業

サイファーは、2018年6月、バルク・ホールディングスと業務提携して、サイバーセキュリティの分野に参入するなど、新しい取り組みを始めています。

その一方で、〈あわえ〉との協業も進めています。

例えば、地域通貨のプロジェクト。観光などで使う地域限定の電子通貨です。電子暗号通貨の技術をサイファーが提供し、コンサルティングは〈あわえ〉が担う予定です。

まだまだ手探り状態ではあるのですが、一緒にできることが少しずつ見えてきました。「〈あわえ〉とサイファーの両方もってるから、これが可能になったんだよね」という仕事は必ずあるはずです。地域暗号通貨なんかは、その最たるものでしょう。

将来的には、公務員の生産性を上げるプロジェクトを考えています。公務員の体温を上げ、視野を広げるのが〈あわえ〉の仕事だと書きましたが、傍から見ていても改善できる仕事が多いのです。「えーっ。まだ紙で資料を手渡ししてるの？」とか「それパソコンでやればもっとスピーディにできますよ」とか。やる必要のない作業が少なくない。

会議用の書類でも、いちいち公務員がプリントし、コピーし、ホチキスでとめて、議員さんの一人一人に手渡ししているケースが多い。すべて電子化して参加者がタブレットで見れば、その作業の大半はやる必要がなくなります。部外秘の資料なら、暗号技術を使えばい い。サイファーの技術で効率化できることはたくさんある。

サイファーはこれまで、都会のお客さんに向けて商品を作ってきました。これからは自治体の生産性を上げるようなITソリューションの開発もやりたいと思っています。無駄な作業が減ることで公務員の余力は増し、地方を元気にしていく仕事に時間が割けるようになる。

サイファーが自治体に直接もち込んでも、なかなか買ってくれないでしょう。でも、〈あわえ〉は全国の自治体との間にパイプがあるので、〈あわえ〉がもち込めば買ってくれる可能性が高まる。

サイファーもハッピーだし、〈あわえ〉もハッピーです。効率の悪い仕事から解放される公務員もハッピーだし、その結果、元気になる地域の人々もハッピーです。これこそ「〈あわえ〉とサイファーの両方もってたからできる仕事」だと思っています。ライバル企業はいませんから、ブルーオーシャンでもあります。

難点は、自治体の生産性を上げることに、さほど緊急性を感じていない人が多いということです。彼ら自身「いますぐ私たちの仕事を変えなければ」と危機感をもってないので、なかなかニーズが高まらない。これも少し長い目で見た事業なのです。

人は変われる、社会は変えられる

窮余の策で美波町へ進出して、ギリギリのところで事業を立て直し、地域を再生する仕事も見つけた。「たまたま」の連続で、うまくいったとも言えます。

でも、同時に、ここがゴールだとも感じていないのです。もっと自分を生かせる場所があるんじゃないか？　もっと社会の役に立てるんじゃないか？　自分は全力を出し切っていないんじゃないか？　そんな気持ちは、より強くなっています。

新しいことに挑戦して、山の頂に立つと、これまで見えていなかった風景が見える。また次の目標ができて、次のピークに立つ。すると、また次のステージに移る。終わりがない。10年後は教育事業に夢中になっているかもしれないし、政治をなんとかしようと考えているかもしれない。自分でも先が読めません。

いま「社長は〈あわえ〉の仕事のほうに夢中になっているんじゃないの？」と、サイファーの社員たちをやきもきさせているのと同様、将来は〈あわえ〉の社員たちをやきもきさせるかもしれない。ひょっとすると三つ目の事業、四つ目の事業に夢中になっているかもしれないのですから。欲望の千手観音のどうにもならない部分だと思います。私の欠点でもあるし、長所でもあります。

サテライトオフィスに出会う前、東京で悶々としていた時代は、自分の力では何もできないような感触をもっていました。相手が大きすぎたこともあるのでしょう。でも、小さいところへ活動の場を移せば、自分の力でも社会を変えられることを実感する。以前のような暖《の》簾《れん》に腕押し感はなくなり、本当に毎日、幸せを感じています。

世の中には「何をやっても無駄だ」とか「どうせチャンスがない」とか言って、なかばあきらめている人がなんと多いことか。私自身、以前はそんな投げやりな気分だったのですから、よくわかります。でも、ちょっと勇気があれば、人は変わることができる。私もときどき自分で「変わったなあ、俺」と驚くほどです。

そんな私も、人生が楽しくなったのは40歳をすぎてからです。どんな人も、変わるのに遅いということはありません。

もちろん選択肢は地方移住だけではないでしょう。東京にいたって、同じことができるかもしれない。気づきのチャンスはいたるところにある。ただ、「地方移住ってハードル高いんだよなあ」と悩んでいる人には、「意外とそうでもないんだよ」と伝えたい。

都会のインターネットカフェで寝泊まりしている若者たちには、「あなたがそこにいるだけで感謝してくれる場所だってあるんだよ」と伝えたい。

私は悩める経営者の気持ちが痛いほどわかります。この本を読んで「東京だけで勝負する必要はないんだなあ」と感じていただけたら、こんな幸せなことはありません。「やってみたら、こんな簡単なことだったんだ」。きっとそう感じるはずです。

都会の問題を過疎地が解決してくれることがある。逆に過疎地の問題を解決することで新しいビジネスが成立する。都会と過疎地が課題の交換をしながら、新しい社会の形を作り上げていく。人口減少時代の日本が求めているのは、そんな生き方のような気がするのです。だから私は呼びかけたいのです。

「一緒に変化の先頭に立ちませんか？」と。

吉田基晴

サイファー・テック株式会社代表取締役。株式会社あわえ代表取締役。

1971年徳島県海部郡美波町生まれ。神戸市外国語大学卒業後、複数のITベンチャー企業勤務を経て、2003年セキュリティソフトの開発販売を手がけるサイファー・テック株式会社設立に参画し、後に代表取締役就任。新たなワークスタイルの実現と採用力の強化を目的に、2012年徳島県美波町にサテライトオフィス「美波Lab」を開設し、翌年には本社も移転。2013年6月に株式会社あわえを設立、同代表取締役就任。自らの体験を活かし、行政や地域住民と共に企業誘致・起業促進や定住支援をはじめとした地域振興事業に取り組む中で、2016年より美波町参与を拝命。2018年からは県南部1市４町からなる徳島南部地域DMO副代表理事もつとめている。

講談社+α《プラスアルファ》新書　797-1 C

本社《ほんしゃ》は田舎《いなか》に限《かぎ》る

吉田《よしだ》基晴《もとはる》
©Motoharu Yoshida 2018
2018年9月20日第1刷発行

発行者――――渡瀬昌彦

発行所――――株式会社 講談社
東京都文京区音羽2-12-21 〒112-8001
電話 編集(03)5395-3522
販売(03)5395-4415
業務(03)5395-3615

デザイン――――鈴木成一デザイン室

カバー印刷――――共同印刷株式会社

印刷――――凸版印刷株式会社

製本――――株式会社国宝社

定価はカバーに表示してあります。

落丁本・乱丁本は購入書店名を明記のうえ、小社業務あてにお送りください。

送料は小社負担にてお取り替えします。

なお、この本の内容についてのお問い合わせは第一事業局企画部「＋α新書」あてにお願いいたします。

本書のコピー、スキャン、デジタル化等の無断複製は著作権法上での例外を除き禁じられています。本書を代行業者等の第三者に依頼してスキャンやデジタル化することは、たとえ個人や家庭内の利用でも著作権法違反です。

Printed in Japan
ISBN978-4-06-512779-7

講談社+α新書

書名	著者	内容	価格	番号
巡航ミサイル1000億円で中国も北朝鮮も怖くない	北村　淳	世界最強の巡航ミサイルでアジアの最強国に!! 中国と北朝鮮の核を無力化し「永久平和」を!	920円	687-1 C
トランプと自衛隊の対中軍事戦略 地対艦ミサイル部隊が人民解放軍を殲滅す	北村　淳	「北朝鮮の次は、中国だ!!」——米太平洋軍の幹部達と練った超精密シミュレーションの全貌	860円	687-2 C
私は15キロ痩せるのも太るのも簡単だ! クワバラ式体重管理メソッド	桑原弘樹	ミスワールドやトップアスリート100人も実践!! 体重を半年間で30キロ自在に変動させる方法!	840円	688-1 B
「カロリーゼロ」はかえって太る!	大西睦子	ハーバード最新研究でわかった「肥満・糖質・酒」の新常識! 低炭水化物ビールに要注意!!	800円	689-1 B
銀座・資本論 21世紀の幸福な「商売《あきない》」とはなにか?	渡辺　新	マルクスもピケティもていねいでこまめな銀座の商いの流儀を知ればビックリするハズ!?	840円	690-1 C
「持たない」で儲ける会社 現場に転がっていたゼロベースの成功戦略	西村克己	ビジネス戦略をわかりやすい解説で実践まで導く著者が、39の実例からビジネス脳を刺激する	840円	692-1 C
LGBT初級講座 まずは、ゲイの友だちをつくりなさい	松中　権	バレないチカラ、盛るチカラ、二股力、座持ち力…ゲイ能力を身につければあなたも超ハッピーに	840円	693-1 A
医者任せが命を縮める ムダながん治療を受けない64の知恵	小野寺時夫	「先生にお任せします」は禁句! 無謀な手術、抗がん剤の乱用で苦しむ患者を救う福音書!	840円	694-1 B
「悪い脂が消える体」のつくり方 肉をどんどん食べて100歳まで元気に生きる	吉川敏一	脂っこい肉などを食べることが悪いのではない、それを体内で酸化させなければ、元気で長生き	840円	695-1 B
2枚目の名刺 未来を変える働き方	米倉誠一郎	イノベーション研究の第一人者が贈る新機軸!! 名刺からはじめる〝寄り道的働き方〟のススメ	840円	696-1 C
ローマ法王に米を食べさせた男 過疎の村を救ったスーパー公務員は何をしたか?	高野誠鮮	ローマ法王、木村秋則、NASA、首相も味方にして限界集落から脱却させた公務員の活躍!	890円	697-1 C

表示価格はすべて本体価格（税別）です。本体価格は変更することがあります

講談社+α新書

なぜヒラリー・クリントンを大統領にしないのか？　佐藤則男
グローバルパワー低下、内なる分断、ジェンダー対立。NY発、大混戦の米大統領選挙の真相。
880円 709-1 C

ネオ韓方　女性の病気が治るキレイになる「子宮ケア」実践メソッド　キム・ソヒョン
元ミス・コリアの韓方医が「美人長命」習慣を。韓流女優たちの美肌と美スタイルの秘密とは!?
840円 710-1 B

中国経済「1100兆円破綻」の衝撃　近藤大介
7000万人が総額560兆円を失ったと言われる今回の中国株バブル崩壊の実態に迫る！
760円 711-1 C

会社という病　江上剛
人事、出世、派閥、上司、残業、査定、成果主義……。諸悪の根源=会社の病理を一刀両断！
850円 712-1 C

GDP4%の日本農業は自動車産業を超える　窪田新之助
2025年には、1戸あたり10ヘクタールに!! 超大規模化する農地で、農業は輸出産業になる！
890円 713-1 C

日本発「ロボットAI農業」の凄い未来　2020年に激変する国土・GDP・生活　窪田新之助
2020年には完全ロボット化!! 作業時間は9割減、肥料代は4割減、輸出額も1兆円目前
840円 713-2 C

中国が喰いモノにするアフリカを日本が救う　200兆円市場のラストフロンティアで儲ける　ムウェテ・ムルアカ
世界の嫌われ者・中国から〝ラストフロンティア〟を取り戻せ！　日本の成長を約束する本!!
840円 714-1 C

インドと日本は最強コンビ　サンジーヴ・スィンハ
天才コンサルタントが見た、日本企業と人々の「何コレ!?」――日本とインドは最強のコンビ
840円 715-1 C

血液をきれいにして病気を防ぐ、治す　50歳からの食養生　森下敬一
なぜ今、50代、60代で亡くなる人が多いのか？　身体から排毒し健康になる現代の食養生を教示
840円 716-1 B

OTAKU《オタク》エリート　2020年にはアキバ・カルチャーが世界のビジネス常識になる　羽生雄毅
世界で続出するアキバエリート。オックスフォード卒の筋金入りオタクが描く日本文化最強論
750円 717-1 C

男が選ぶオンナたち　愛され女子研究　おかざきなな
なぜ吹石一恵は選ばれたのか？　1万人を変身させた元芸能プロ社長が解き明かすモテの真実！
840円 718-1 A

表示価格はすべて本体価格（税別）です。本体価格は変更することがあります

講談社＋α新書

タイトル	著者	内容	価格	番号
阪神タイガース「黒歴史」	平井隆司	伝説の虎番が明かす！ お家騒動からダメ虎誕生秘話まで、抱腹絶倒の裏のウラを全部書く!!	840円	719-1 C
ラグビー日本代表を変えた「心の鍛え方」	荒木香織	「五郎丸ポーズ」の生みの親であるメンタルコーチの初著作。強い心を作る技術を伝授する	840円	720-1 A
SNS時代の文章術	野地秩嘉	「文章力ほんとにゼロ」からプロの物書きになった筆者だから書けた「21世紀の文章読本」	840円	721-1 C
ゆがんだ正義感で他人を支配しようとする人	梅谷薫	SNSから隣近所まで、思い込みの正しさで周囲を操ろうと攻撃してくる人の心理と対処法!!	840円	722-1 A
男が働かない、いいじゃないか！	田中俊之	注目の「男性学」第一人者の人気大学教員から若手ビジネスマンへ数々の心安まるアドバイス	840円	723-1 A
爆買い中国人は、なぜうっとうしいのか？	陽陽	「大声で話す」「謝らない」「食べ散らかす」……日本人が眉を顰める中国人気質を解明する！	840円	724-1 C
キリンビール高知支店の奇跡 勝利の法則は現場で拾え！	田村潤	アサヒスーパードライに勝つ！ 元営業本部長が実践した逆転を可能にする営業の極意	780円	725-1 C
LINEで子どもがバカになる 「日本語」大崩壊	矢野耕平	感情表現は「スタンプ」任せ。「予測変換」で文章も自動作成。現役塾講師が見た驚きの実態！	840円	726-1 A
新しいニッポンの業界地図 みんなが知らない超優良企業	田宮寛之	日本の当たり前が世界の需要を生む。将来有望な約250社を一覧。ビジネスに就活に必読！	840円	728-1 C
業界地図の見方が変わる！ 無名でもすごい超優良企業	田宮寛之	世の中の最先端の動きを反映したまったく新しい業界分類で、240社の活躍と好況を紹介！	840円	728-2 C
運が99％戦略は1％ インド人の超発想法	山田真美	世界的CEOを輩出する名門大で教える著者が迫る、国民性から印僑までインドパワーの秘密	860円	729-1 C

表示価格はすべて本体価格（税別）です。本体価格は変更することがあります

講談社+α新書

書名	著者	内容	価格	番号
全国13万人 年商1000億円 ポーラレディ 頂点のマネジメント力	本庄 清	絶好調のポーラを支える女性パワー！ その源泉となる「人を前向きに動かす」秘密を明かす	780円	730-1 C
人生の金メダリスト 成功するルーティーンには2つのタイプがある になる「準備力」	清水宏保	プレッシャーと緊張を伴走者にして潜在能力を100%発揮！ 2種類のルーティーンを解説	840円	731-1 C
「ハラ・ハラ社員」が会社を潰す	野崎大輔	ミスを叱ったらパワハラ、飲み会に誘ったらアルハラ。会社をどんどん窮屈にする社員の実態	840円	732-1 A
偽りの保守・安倍晋三の正体	岸井成格 佐高 信	保守本流の政治記者と市民派論客が、「本物の保守」の姿を語り、安倍政治の虚妄と弱さを衝く	800円	733-1 C
大メディアの報道では絶対にわからない どアホノミクスの正体	佐高 信 浜 矩子	稀代の辛口論客ふたりが初タッグを結成！ 激しくも知的なアベノミクス批判を展開する	840円	733-2 C
大メディアだけが気付かない どアホノミクスよ、お前はもう死んでいる	佐高 信 浜 矩子	過激タッグ、再び！ 悪あがきを続けるチーム・アホノミクスから日本を取り戻す方策を語る	840円	733-3 C
日本再興のカギを握る「ソニーのDNA」	佐高 信 辻野晃一郎	挑戦しない、個性を尊重しない大企業病に蝕まれた日本を変えるのは、独創性のDNAだ！	840円	733-4 C
一回3秒 これだけ体操 腰痛は「動かして」治しなさい	松平 浩	『NHKスペシャル』で大反響！ 介護職員をコルセットから解放した腰痛治療の新常識！	780円	734-1 B
遺品は語る 遺品整理業者が教える「独居老人600万人」「無縁死3万人」時代に必ずやっておくべきこと	赤澤健一	多死社会はここまで来ていた！ 誰もが一人で死ぬ時代に、「いま為すべきこと」をプロが教示	800円	735-1 C
ドナルド・トランプ、大いに語る	セス・ミルスタイン 編 講談社 編訳	アメリカを再び偉大に！ 怪物か、傑物か、全米が熱狂・失笑・激怒したトランプの〝迷〟言集	840円	736-1 C
ルポ ニッポン絶望工場	出井康博	外国人の奴隷労働が支える便利な生活。知られざる崩壊寸前の現場、犯罪集団化の実態に迫る	840円	737-1 C

表示価格はすべて本体価格（税別）です。本体価格は変更することがあります

講談社+α新書

- **18歳の君へ贈る言葉** 柳沢幸雄
  名門・開成学園の校長先生が生徒たちに話していること。才能を伸ばす36の知恵。親子で必読！
  800円 738-1 C

- **本物のビジネス英語力** 久保マサヒデ
  ロンドンのビジネス最前線で成功した英語の秘訣を伝授！ この本でもう英語は怖くなくなる
  780円 739-1 C

- **選ばれ続ける必然** 誰でもできる「ブランディング」のはじめ方 佐藤圭一
  商品に魅力があるだけではダメ。プロが教える選ばれ続け、ファンに愛される会社の作り方
  840円 740-1 C

- **歯はみがいてはいけない** 森昭
  今すぐやめないと歯が抜け、口腔細菌で全身病になる。カネで歪んだ日本の歯科常識を告発!!
  840円 741-1 B

- **やっぱり、歯はみがいてはいけない 実践編** 森昭 森光恵
  日本人の歯みがき常識を一変させたベストセラーの第2弾が登場！「実践」に即して徹底教示
  840円 741-2 B

- **一日一日、強くなる** 伊調馨の「壁を乗り越える」言葉 伊調馨
  オリンピック4連覇へ！ 常に進化し続ける伊調馨の孤高の言葉たち。志を抱くすべての人に
  800円 742-1 C

- **50歳からの出直し大作戦** 出口治明
  会社の辞めどき、家族の説得、資金の手当て。著者が取材した50歳から花開いた人の成功理由
  840円 743-1 C

- **財務省と大新聞が隠す本当は世界一の日本経済** 上念司
  財務省のHPに載る七〇〇兆円の政府資産は、誰の物なのか!? それを隠すセコ過ぎる理由は
  880円 744-1 C

- **習近平が隠す本当は世界3位の中国経済** 上念司
  中国は経済統計を使って戦争を仕掛けている！中華思想で粉飾したGDPは実は四三七兆円!?
  840円 744-2 C

- **経団連と増税政治家が壊す本当は世界一の日本経済** 上念司
  企業の抱え込む内部留保450兆円が動き出す。デフレ解消の今、もうすぐ給料は必ず上がる!!
  860円 744-3 C

- **考える力をつける本** 畑村洋太郎
  企画にも問題解決にも。失敗学・創造学の第一人者が教える誰でも身につけられる知的生産術
  840円 746-1 C

表示価格はすべて本体価格（税別）です。本体価格は変更することがあります

講談社+α新書

日本人だけが知らない砂漠のグローバル大国UAE
加茂佳彦
なぜ世界のビジネスマン、投資家、技術者はUAEに向かうのか？ 答えはオイルマネー以外にあった！
840円 756-1 C

金正恩の核が北朝鮮を滅ぼす日
牧野愛博
格段に上がった脅威レベル、荒廃する社会。危険過ぎる隣人を裸にする、ソウル支局長の報告
860円 757-1 C

おどろきの金沢
秋元雄史
伝統対現代のバトル、金沢旦那衆の遊びっぷり。よそ者が10年住んでわかった、本当の魅力
860円 758-1 C

「ミヤネ屋」の秘密 大阪発の報道番組が全国人気になった理由
春川正明
なぜ、関西ローカルの報道番組が全国区人気になったのか。その躍進の秘訣を明らかにする
840円 759-1 C

一生モノの英語力を身につけるたったひとつの学習法
澤井康佑
「英語の達人」たちもこの道を通ってきた。読解から作文、会話まで。鉄板の学習法を紹介
840円 760-1 C

茨城 vs. 群馬 北関東死闘編
全国都道府県調査隊 編
都道府県魅力度調査で毎年、熾烈な最下位争いを繰りひろげてきた両者がついに激突する！
780円 761-1 C

ポピュリズムと欧州動乱 フランスはEU崩壊の引き金を引くのか
国末憲人
ポピュリズムの行方とは。反EUとロシアとの連携。ルペンの台頭が示すフランスと欧州の変質
860円 763-1 C

脂肪と疲労をためるジェットコースター血糖の恐怖 人生が変わる一週間断糖プログラム
麻生れいみ
ねむけ、だるさ、肥満は「血糖値乱高下」が諸悪の根源！ 寿命も延びる血糖値ゆるやか食事法
840円 764-1 B

超高齢社会だから急成長する日本経済 2030年にGDP700兆円のニッポン
鈴木将之
旅行、グルメ、住宅…新高齢者は1000兆円の金融資産を遣って逝く→高齢社会だから成長
840円 765-1 C

歯は治療してはいけない！ **あなたの人生を変える歯の新常識**
田北行宏
歯が健康なら生涯で3000万円以上得!? 認知症や糖尿病も改善する実践的予防法を伝授！
840円 766-1 B

50歳からは「筋トレ」してはいけない 何歳でも動けるからだをつくる「骨呼吸エクササイズ」
勇﨑賀雄
人のからだの基本は筋肉ではなく骨。日常的に骨を鍛え若々しいからだを保つエクササイズ
880円 767-1 B

表示価格はすべて本体価格（税別）です。本体価格は変更することがあります

講談社＋α新書

定年前にはじめる生前整理 人生後半が変わる4ステップ　古堅純子
「老後でいい！」と思ったら大間違い！ 今やると身も心もラクになる正しい生前整理の手順　800円 768-1 C

日本人が忘れた日本人の本質　山折哲雄 髙山文彦
「天皇退位問題」から「シン・ゴジラ」まで、宗教学者と作家が語る新しい「日本人原論」　860円 769-1 C

ふりがな付 **山中伸弥先生に、人生とiPS細胞について聞いてみた**　山中伸弥 聞き手・緑慎也
テレビで紹介され大反響！ やさしい語り口で親子で読める、ノーベル賞受賞後初にして唯一の自伝　800円 770-1 B

結局、勝ち続けるアメリカ経済 一人負けする中国経済　武者陵司
2020年に日経平均4万円突破もある順風!! トランプ政権の中国封じ込めで変わる世界経済　840円 771-1 C

仕事消滅 AIの時代を生き抜くために、いま私たちにできること　鈴木貴博
人工知能で人間の大半は失業する。肉体労働でなく頭脳労働の職場で。それはどんな未来か？　840円 772-1 C

病気を遠ざける！ 1日1回日光浴 日本人は知らないビタミンDの実力　斎藤糧三
紫外線はすごい！ アレルギーも癌も逃げ出す！ 驚きの免疫調整作用が最新研究で解明された　800円 773-1 B

ふしぎな総合商社　小林敬幸
名前はみんな知っていても、実際に何をしている会社か誰も知らない総合商社のホントの姿　840円 774-1 C

日本の正しい未来 世界一豊かになる条件　村上尚己
デフレは人の価値まで下落させる。成長不要論が日本をダメにする。経済の基本認識が激変！　800円 775-1 C

上海の中国人、安倍総理はみんな嫌い だけど8割は日本文化中毒！　山下智博
中国で一番有名な日本人——動画再生10億回!!「ネットを通じて中国人は日本化されている」　860円 776-1 C

戸籍アパルトヘイト国家・中国の崩壊　川島博之
9億人の貧農と3隻の空母が殺す中国経済…… 歴史はまた繰り返し、2020年に国家分裂!!　860円 777-1 C

知っているようで知らない夏目漱石　出口汪
きっかけがなければ、なかなか手に取らない、生誕150年に贈る文豪入門の決定版！　900円 778-1 C

表示価格はすべて本体価格（税別）です。本体価格は変更することがあります

講談社+α新書

働く人の養生訓 あなたの体と心を軽やかにする習慣	若林理砂	だるい、疲れがとれない、うつっぽい。そんな現代人の悩みをスッキリ解決する健康バイブル	840円	779-1 B
認知症 専門医が教える最新事情	伊東大介	正しい選択のために、日本認知症学会学会賞受賞の臨床医が真の予防と治療法をアドバイス	840円	780-1 B
工作員・西郷隆盛 謀略の幕末維新史	倉山満	「大河ドラマ」では決して描かれない陰の貌。明治維新150年に明かされる新たな西郷像！	840円	781-1 C
「よく見える目」をあきらめない 遠視・近視・白内障の最新医療	荒井宏幸	劇的に進化している老眼、白内障治療。50代、60代でも8割がメガネいらずに！	860円	783-1 B
野球エリート 野球選手の人生は13歳で決まる	赤坂英一	根尾昂、石川昂弥、高松屋翔音……次々登場する新怪物候補の秘密は中学時代の育成にあった	840円	784-1 D
NYとワシントンのアメリカ人がクスリと笑う日本人の洋服と仕草	安積陽子	マティス国防長官と会談した安倍総理のスーツの足元はローファー…日本人の変な洋装を正す	860円	785-1 D
医者には絶対書けない幸せな死に方	たくきよしみつ	「看取り医」の選び方、「死に場所」の見つけ方。お金の問題……。後悔しないためのヒント	840円	786-1 B
もう初対面でも会話に困らない！口ベタのための「話し方」「聞き方」	佐野剛平	『ラジオ深夜便』の名インタビュアーが教える、自分も相手も「心地よい」会話のヒント	800円	787-1 A
人は死ぬまで結婚できる 晩婚時代の幸せのつかみ方	大宮冬洋	80人以上の「晩婚さん」夫婦の取材から見えてきた、幸せ、課題、婚活ノウハウを伝える	840円	788-1 A
サラリーマンは300万円で小さな会社を買いなさい 人生100年時代の個人M&A入門	三戸政和	脱サラ・定年で飲食業や起業に手を出すと地獄が待っている。個人M&Aで資本家になろう！	840円	789-1 C
名古屋円頓寺《えんどうじ》商店街の奇跡	山口あゆみ	「野良猫さえ歩いていない」シャッター通りに人波が押し寄せた！空き店舗再生の逆転劇！	800円	790-1 C

表示価格はすべて本体価格（税別）です。本体価格は変更することがあります

講談社＋α新書

少子高齢化でも老後不安ゼロ　シンガポールで見た日本の未来理想図　花輪陽子
日本を救う小国の知恵。1億総活躍社会、経済成長率3・5%、賢い国家戦略から学ぶこと
860円 791-1 C

マツダがBMWを超える日　クールジャパンからプレミアムジャパン・ブランド戦略へ　山崎明
日本企業は薄利多売の固定観念を捨てなさい。新プレミアム戦略で日本企業は必ず復活する！
880円 792-1 C

知っている人だけが勝つ　仮想通貨の新ルール　小島寛明＋ビジネスインサイダージャパン取材班
仮想通貨は日本経済復活の最後のチャンスだ。この大きな波に乗り遅れてはいけない
840円 793-1 C

夫婦という他人　下重暁子
67万部突破『家族という病』、27万部突破『極上の孤独』に続く、人の世の根源を問う問題作
780円 794-1 A

AIで私の仕事はなくなりますか？　田原総一朗
グーグル、東大、トヨタ……「極端な文系人間」の著者が、最先端のAI研究者を連続取材！
860円 796-1 C

本社は田舎に限る　吉田基晴
徳島県美波町に本社を移したITベンチャー企業社長。全国注目の新しい仕事と生活スタイル
860円 797-1 C

50歳を超えても脳が若返る生き方　加藤俊徳
寿命100年時代は50歳から全く別の人生を！今までダメだった人の脳は後半こそ最盛期に!!
880円 798-1 B

99%の人が気づいていないビジネス力アップの基本100　山口博
アイコンタクトからモチベーションの上げ方まで。「できる」と言われる人はやっている
860円 799-1 C

表示価格はすべて本体価格（税別）です。本体価格は変更することがあります